APRENDER TOCAR E CRIAR AO PIANO
Improvisação e Técnica

Professora Abigail

Nº Cat.: 399-M

Irmãos Vitale Editores Ltda.
vitale.com.br
Rua Raposo Tavares, 85 São Paulo SP
CEP: 04704-110 editora@vitale.com.br Tel.: 11 5081-9499

© Copyright 2008 by Irmãos Vitale Editores Ltda. - São Paulo - Rio de Janeiro - Brasil.
Todos os direitos autorais reservados para todos os países. *All rights reserved.*

CIP-BRASIL. CATALOGAÇÃO NA FONTE
SINDICATO NACIONAL DOS EDITORES DE LIVROS - RJ.

> S578a
> Abigail, Professora
> Aprender, tocar e criar ao piano : improvisação e técnica / Professora Abigail. - São Paulo : Irmãos Vitale, 2009.
> 96p.
>
> Contém exercícios
> ISBN 978-85-7407-245-6
>
> 1. Piano - instrução e estudo.
> I. Título.
>
> 09-0234. CDD: 786.21
> CDU: 786.2

Créditos

Editoração:
Willian Kobata

Capa:
Débora Freitas

Coordenação editorial e ilustração da capa:
Flávio Carrara De Capua

Revisão ortográfica:
Marcos Roque

Produção executiva:
Fernando Vitale

* Todas as partituras e composições musicais presentes nesse livro são de autoria da professora Abigail R. Silva e editadas por Irmãos Vitale Editores Ltda.

Sumário

Parte 1

Improvisação

- 5 Frases – Conceito e aplicação I-V7-I – EXERCÍCIOS 1 e 2
- 6 Notas do acorde, de passagem e progressões – EXERCÍCIOS 3, 4 e 5
- 7 Colcheias – EXERCÍCIOS 6, 7 e 8
- 8 Anacruse, semínimas pontuadas – EXERCÍCIOS 9, 10 e 11
- 9 Compasso composto, ligadura de expressão, *staccato* – EXERCÍCIOS 12 e 13
- 10 Tonalidades de bemóis – EXERCÍCIOS 14, 15 e 16
- 11 Tonalidades menores – EXERCÍCIOS 17, 18 e 19
- 12 Usando o encadeamento I-IV-V7 – maior e menor – EXERCÍCIOS 20, 21 e 22
- 13 Usando o encadeamento II-V7-I forma A-B-A – EXERCÍCIO 23
- 14 Usando o encadeamento VI-II-V7-I – EXERCÍCIO 24
- 15 Dominante secundária – Apresentação – EXERCÍCIO 25
- 16 Dominante secundária – Improvisação – EXERCÍCIO 26
- 17 Improvisação com nota pedal – EXERCÍCIO 27
- 18 Modos – Improvisações: dórico e frígio – EXERCÍCIOS 28 e 29
- 19 Modos: frígio, lídio e eólio – EXERCÍCIOS 30 e 31

Variações

- 20 Criando uma história – "A história do soldado" (modelo)
- 22 Criando uma história – "Que é da Margarida" – Explorando outras escalas
- 24 Variações sobre a peça "Um, dois, três" (modelo)
- 26 "Seis por oito" – Tema para variações
- 27 Variações sobre a peça "Seis por oito"
- 37 Padrões para improvisação

Parte 2

Técnica

- 41 Cifras
- 42 Pentacordes de sustenidos (♯)
- 43 Pentacordes de bemóis (♭)
- 44 Escalas maiores (uma oitava) – Sustenidos
- 45 Escalas maiores (uma oitava) – Bemóis
- 46 Escalas maiores (duas oitavas) – Sustenidos
- 47 Escalas maiores (duas oitavas) – Bemóis
- 48 Escalas menores – Forma harmônica
- 49 Escalas menores com bemóis – Forma harmônica
- 50 Escalas menores – Forma melódica
- 51 Escalas menores com bemóis – Forma melódica
- 52 Escalas com acompanhamentos
- 54 Escalas – Acentuações – Modos
- 55 Construção dos dedos – Acentuações
- 56 Técnica – Exercícios de agilidade
- 66 Exercícios para os cinco dedos
- 67 Arpejos – Mãos alternadas
- 68 Arpejos na extensão do teclado
- 70 Arpejos dentro da oitava
- 71 Arpejos – Duas oitavas
- 72 Arpejos – Inversões – Tríades maiores e menores
- 74 Arpejos – Inversões (duas oitavas) – Maiores e menores
- 76 Arpejos – Inversões em quiálteras
- 77 Arpejos – Tétrades
- 79 Arpejos – 7ª maior – Inversões
- 81 Arpejos – Campo harmônico
- 82 Arpejos com as notas tensões
- 84 Padrões para mão direita
- 86 Acompanhamentos
- 91 Padrões para mão esquerda
- 92 Tríades maiores
- 94 Tríades – Inversões (duas oitavas)
- 95 Exercícios para extensão dos dedos
- 96 Exercícios para extensão dos dedos e nota pedal

Apresentação

Improvisação

Objetivos:
– Despertar o interesse pela criatividade e a necessidade do conhecimento dos elementos que formam a música.
– Aprender como se faz música, o que são padrões, frases, e o inter-relacionamento entre ambos.
– Como os compositores desenvolvem suas idéias musicais.
– Colocar em prática os conhecimentos adquiridos de harmonia, ritmo, estilos, melodia, técnica e desenvolver o gosto estético.

Público-alvo:
– Este trabalho é direcionado, principalmente, aos principiantes no estudo do piano e também aos que aprenderam a tocar apenas o que está escrito. Agora, irão aprender a criar música.

Para o professor:
– As frases escritas servem apenas como guia. Você toca a pergunta e o aluno toca a resposta antes de escrever. Seguir cartões com sequências harmônicas também ajuda. Comece usando as notas dos acordes. Mais sugestões no *Guia do Professor*.

Variações:
– Nessa atividade, o aluno vai aprender os diversos caminhos para a improvisação de forma agradável e fácil. Ficará surpreso como podemos modificar uma peça, como fizeram os grandes mestres, e obter resultados inesperados.

Técnica

Tornar os exercícios de técnica agradáveis é o objetivo principal deste livro. Cada exercício deve ser associado ao repertório e/ou à improvisação. Mais detalhes de como realizar esse trabalho, você encontra no *Guia do Professor*.

BIOGRAFIA
Abigail R. Silva

Filha de violinista e neta de flautista, cresceu cercada por diversos instrumentistas. A música, portanto, sempre foi algo natural em sua vida. Começou a aprender piano aos 7 anos de idade para acompanhar o pai e, a partir de então, iniciou uma trajetória baseada na apreensão e transmissão da linguagem musical. Professora por excelência, Abigail R. Silva obteve sua primeira licenciatura no Conservatório Musical de Lins (SP). Seguiram-se os diplomas de magistério, pelo Instituto Americano de Lins (SP); de professora de acordeão e pedagogia aplicada à música, pelo Conservatório Musical do Jardim América (SP); e de licenciatura em educação artística, com especialização em música, pela Faculdade Paulista de Música.

Fundou, juntamente com seu pai, o Conservatório Musical de Santo Amaro (SP), onde lecionou, durante 30 anos, piano, acordeão, folclore, pedagogia e canto coral. Em Curitiba, criou a Escola de Música Professora Abigail. Nos anos 1970, teve início um processo que marcou profundamente o seu percurso musical: especializou-se no ensino de piano em grupo pelo método de Robert Pace, Universidade Columbia (NY). A proposta do método era formar músicos, não apenas pianistas de grande técnica ou simples reprodutores de partituras. Sua didática valorizava o improviso e a criatividade. Traduziu algumas obras de Pace para a língua portuguesa e iniciou um trabalho de aplicação da didática do mestre criando peças ao estilo brasileiro, o que culminou com a publicação da presente obra.

Ao longo dos anos, tem buscado novas fontes de conhecimento com professores de renome internacional na música erudita e na música popular. Atualmente, Abigail R. Silva ministra aulas de piano em grupo no Conservatório de MPB (Música Popular Brasileira) de Curitiba. Realiza palestras e cursos de capacitação para a aplicação dessa nova maneira de aprender música através do piano.

Improvisação

Consideramos como improvisação todo o ato de CRIAR.

Para alunos principiantes, essa atividade terá que ser pensada, baseada nos conhecimentos adquiridos, e escrita. Somente depois de muito treino a improvisação ocorrerá fluentemente, precisando para isso: conhecimento de harmonia, muito desenvolvimento rítmico e técnica.

Começaremos nosso trabalho utilizando a linguagem musical: FRASES.

Usando os encadeamentos conhecidos: I e V7, tônica e dominante nos pentacordes de Dó, Sol e Fá, apresentamos uma pergunta para o aluno criar uma resposta.

À medida que for desenvolvendo sua criatividade, o aluno poderá diversificar as suas frases-respostas, mas é bom lembrar que perguntas e respostas devem ter o mesmo sentido.

Pequenas variações são sempre agradáveis ao ouvido.

Crie a resposta usando as notas dos acordes das cifras.
Use o mesmo padrão melódico da pergunta: notas repetidas.
Escreva os acordes na pauta da clave de Fá.
Faça várias respostas, *depois* escreva a melhor.

Lembre-se que o acorde maior com sétima cria expectativa que se resolve na tônica (repouso). Por isso, geralmente a nota no final da música é a tônica. Quando tocar os exercícios seguidamente, toque outra nota do acorde, deixando a tônica para o final.

Atenção ao novo padrão rítmico e ao acompanhamento com acordes quebrados: ritmo de valsa. Escreva os acordes da clave de Fá.

Ainda usando a mesma tonalidade e o mesmo compasso predominando as notas dos acordes.

Usando notas de passagem.

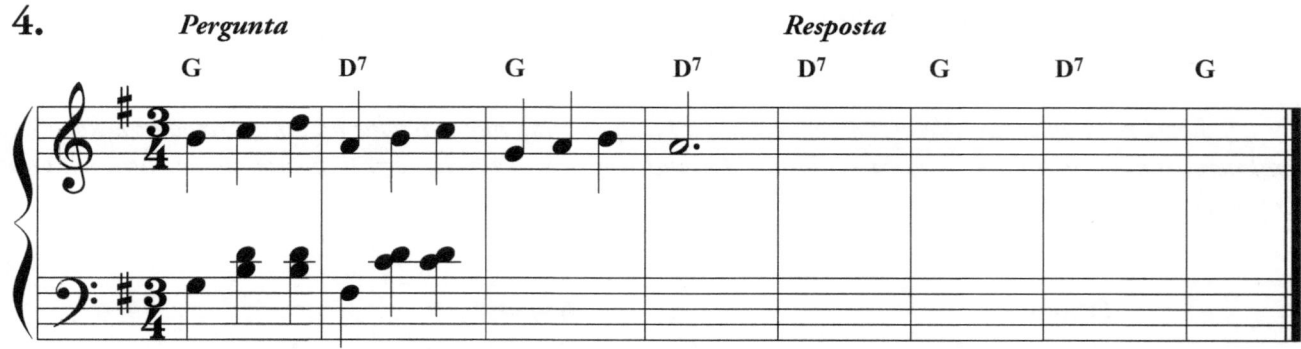

Ao concluir os quatro temas dos exercícios realizados, podemos escolher dois deles e transformá-los numa pequena peça musical. Forma A-B-A.
Toque assim: o 1º duas vezes, escolha outro e toque uma vez. Volte ao primeiro e termine. Procure variar e descubra como ficou melhor.

Atenção para a mudança do compasso e para o tom de Dó Maior. Faça sua resposta invertendo o desenho melódico.

---

* Progressão: mesmo desenho melódico que pode ser descendente ou ascendente.

Vamos explorar ainda as progressões.
Atenção para a mudança de tonalidade.
Escreva os acordes.

6.

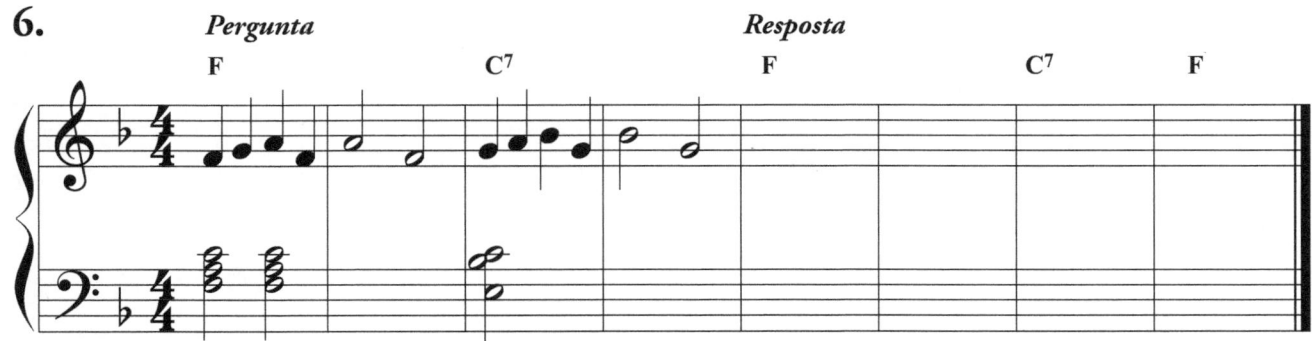

Introduzimos as colcheias e mudamos para o compasso binário.
O tom é o mesmo. Escolha as notas desejadas e escreva as cifras.

7.

Sugestão: inverter o desenho da melodia.

Passaremos para os acordes do 2º grupo: D, E e A.
Usando ainda apenas o encadeamento I-V7-I. Toque também com acorde quebrado.

8.

Apresentamos os acordes em bloco para mão esquerda.
Eles podem ser substituídos por outro tipo de acompanhamento.

9.

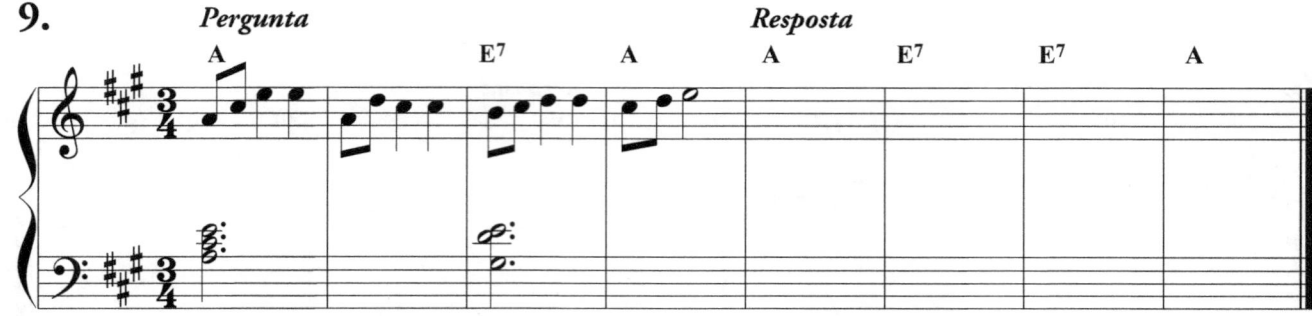

Quando o 1º compasso começa no tempo fraco, chama-se ANACRUSE, que é o caso das duas melodias seguintes.

10.

Faça a sequência de acordes que achar melhor.

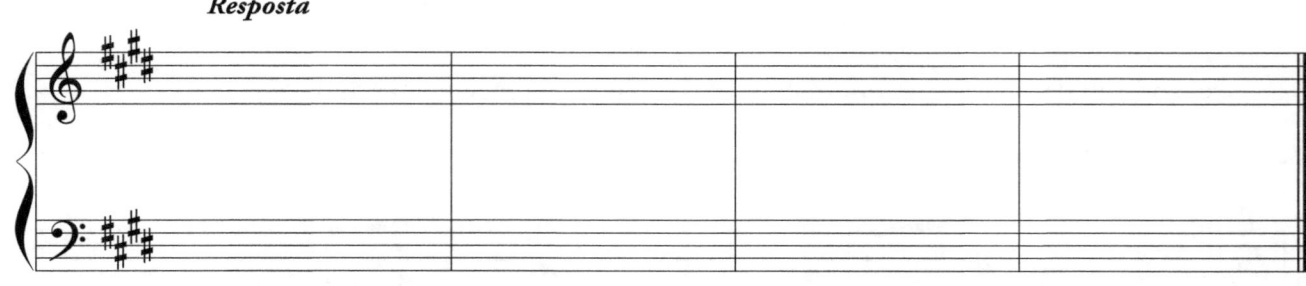

Este último compasso deve conter somente 3 tempos.

Introduzindo a semínima pontuada.

11.

Já trabalhamos com os compassos binário, ternário e quaternário.
Agora, vamos conhecer o compasso binário composto.
Utilizando ainda o encadeamento I-V7-I.

12.

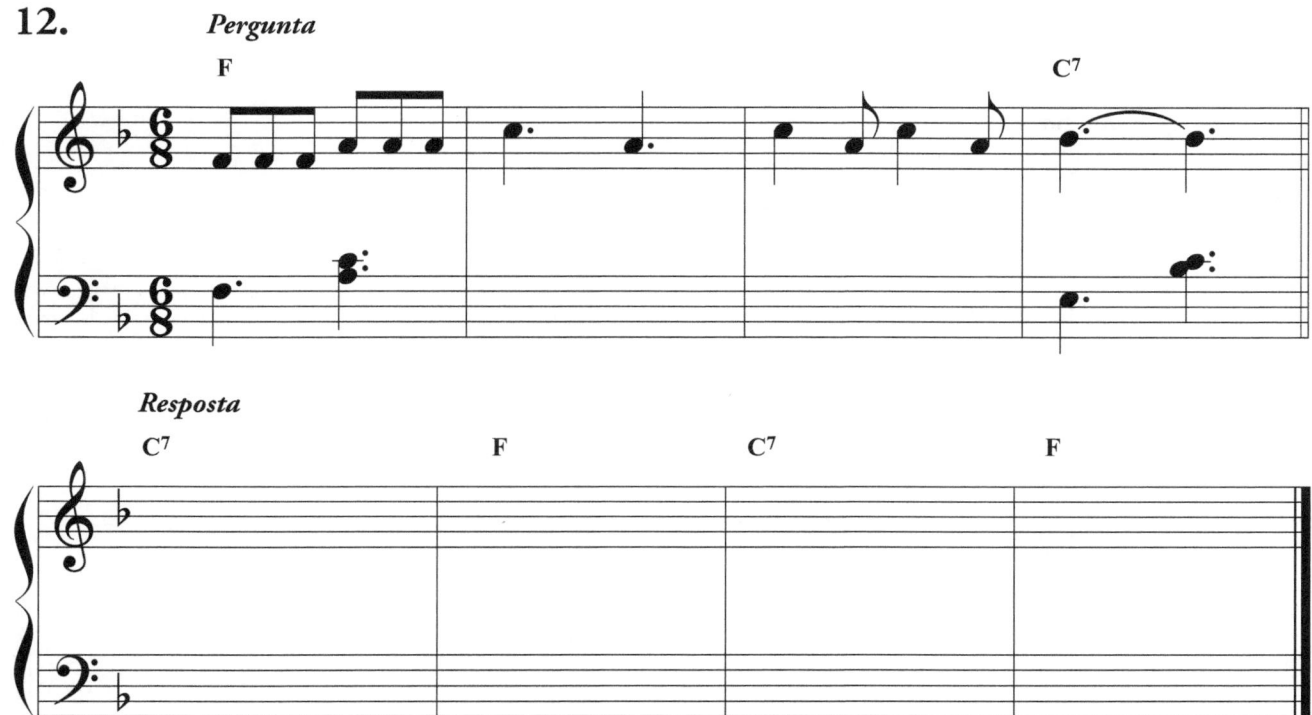

Ligadura de Expressão
Quando duas notas diferentes estão ligadas, a 2ª é curta como se tivesse ponto de *staccato*.

13.

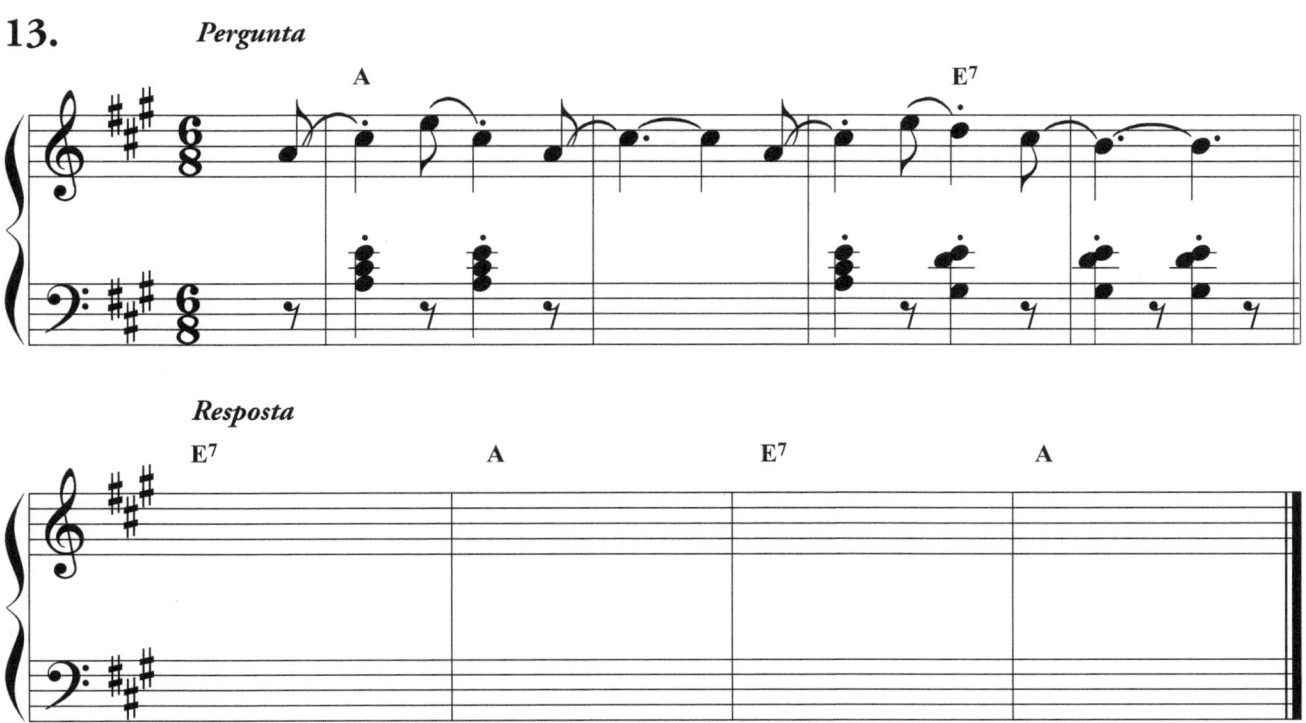

Vamos explorar os acordes do 3º grupo: D♭, E♭ e A♭.

Comparando com os do 2º grupo, verificamos que os dedos que tocavam nas teclas pretas agora ficarão nas brancas e vice-versa.

Posicione a mão: *única tecla branca (M. D.) é o Fá (dedo do meio).*

14. Ré bemol

Pergunta

Resposta *(escolha os acordes)*

15. Lá bemol

Pergunta ***Resposta***

16. Mi bemol

Pergunta ***Resposta***

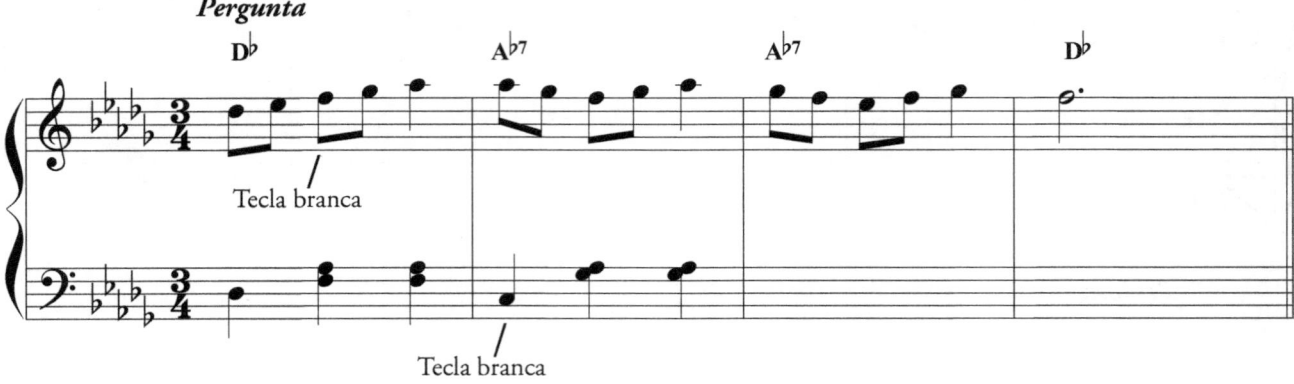

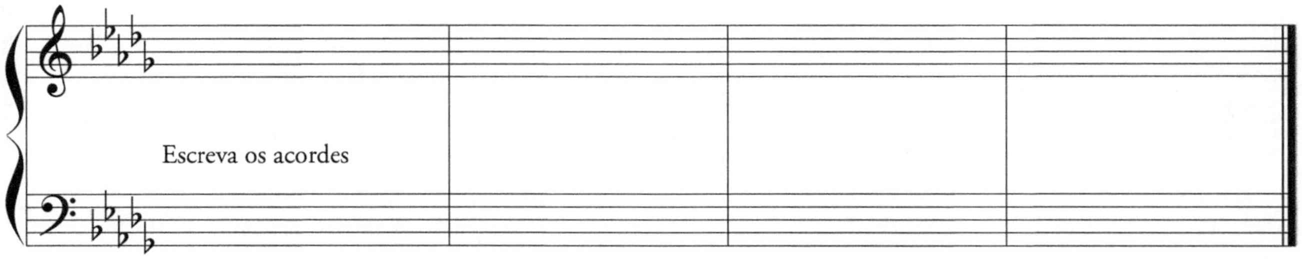

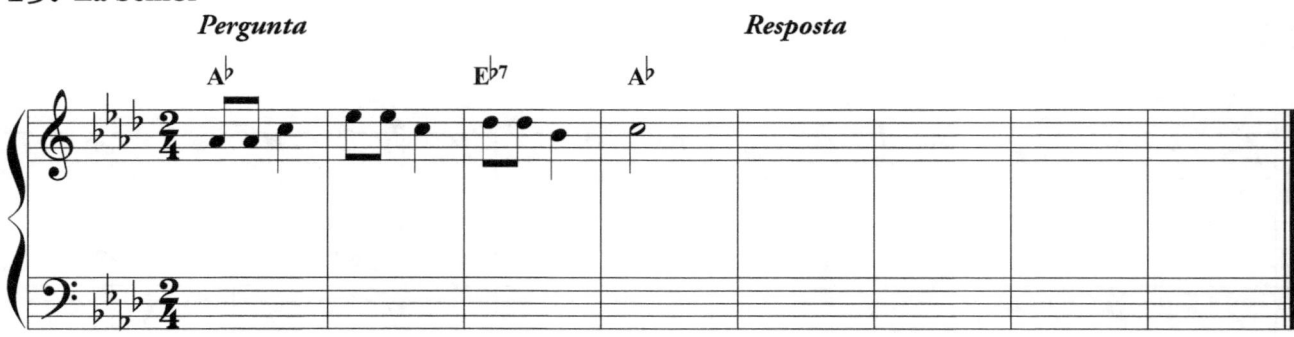

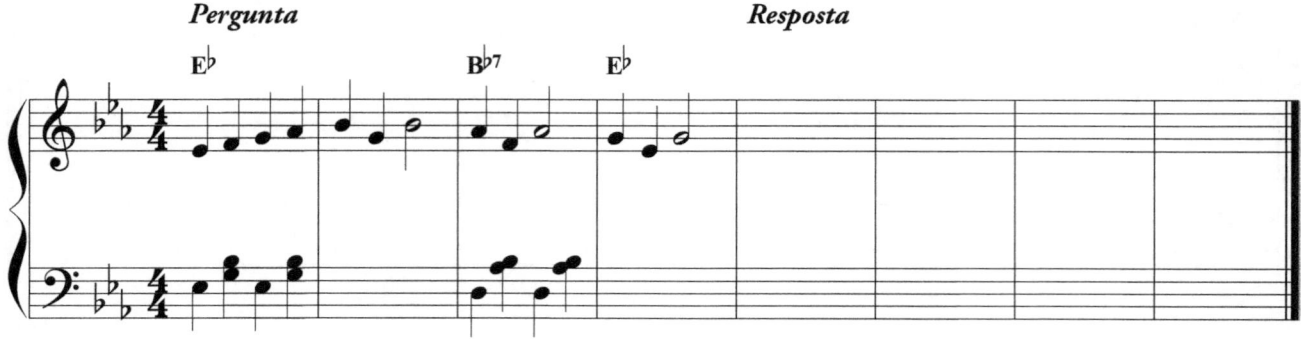

Encadeamento Im e V7
Tons menores.

17. Ré menor (notas vizinhas)

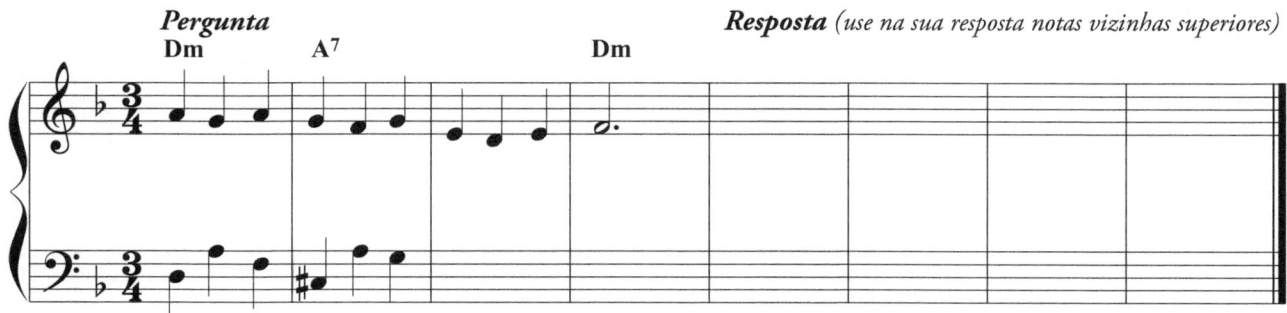

18. Dó menor (notas de passagem)

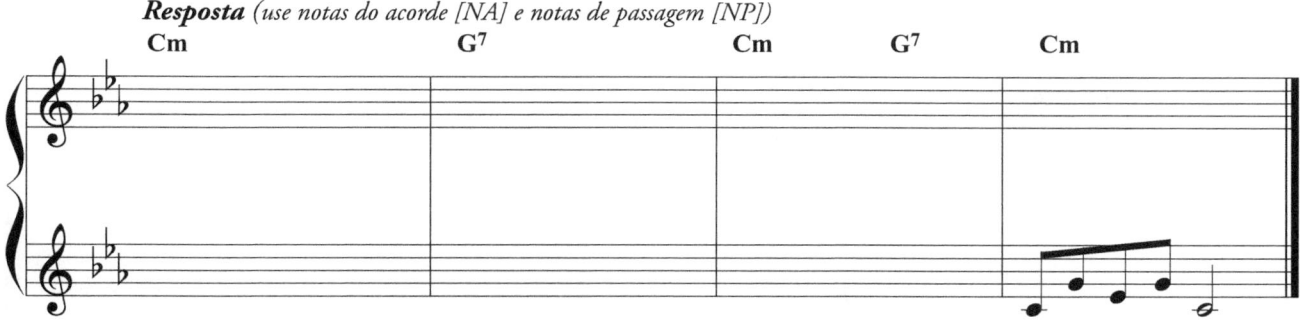

19. Lá menor

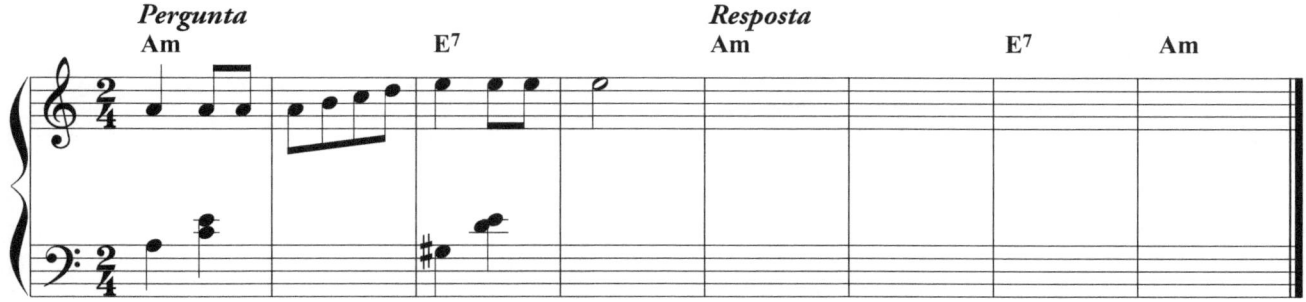

Encadeamento I-IV-V7
Tônica, subdominante, dominante.
Extensão da melodia: até a 6ª nota da escala.

20.

Mudamos o formato do acompanhamento para não ocorrer dobramento da terça.

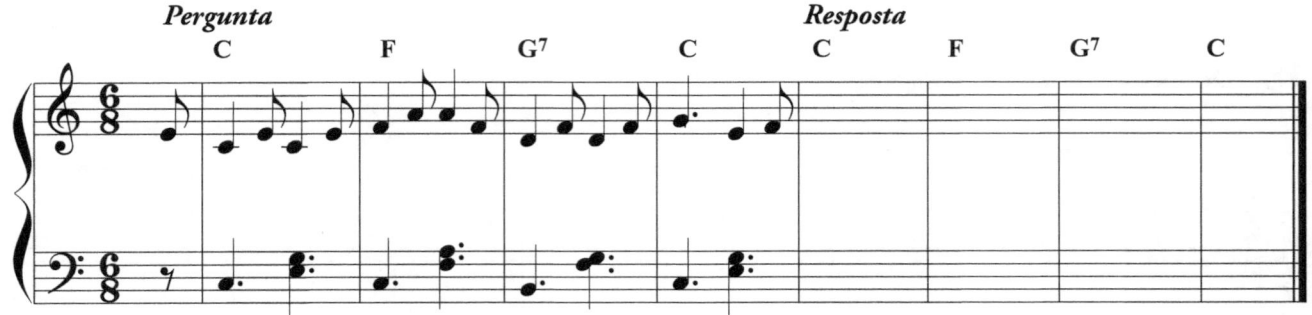

Toque o acompanhamento também com notas do acorde.

Tonalidades menores
Im-IVm-V7.
Síncopas.

21. Sol menor

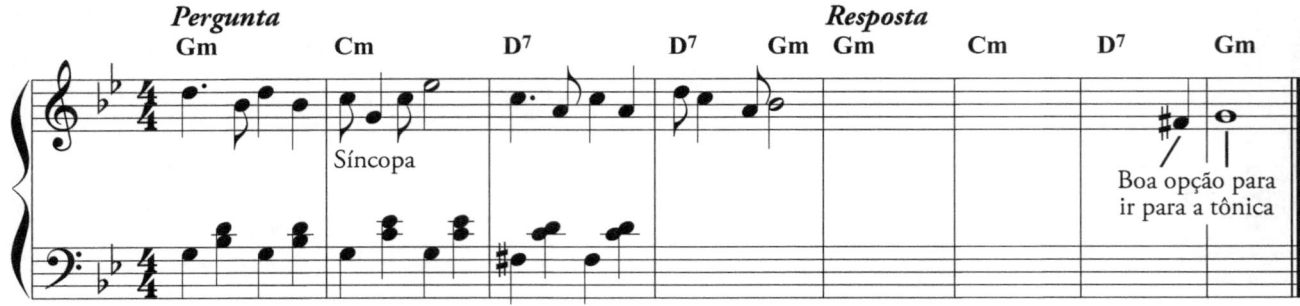

22. Mi menor

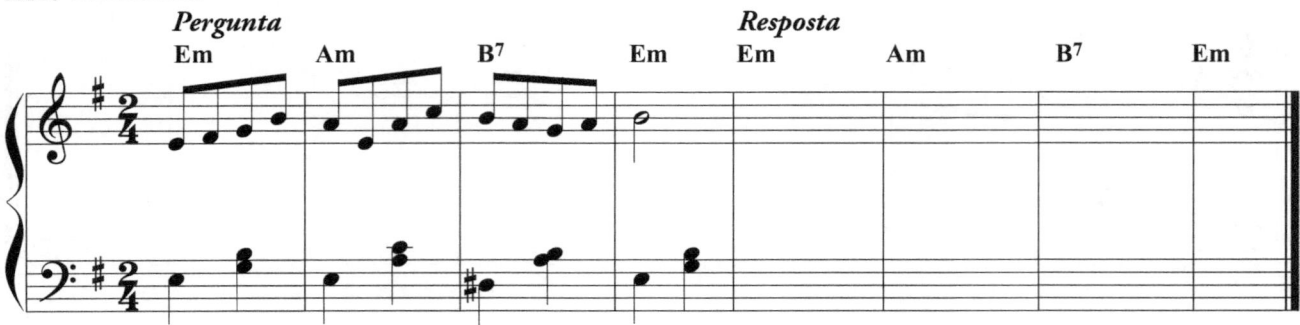

Encadeamento: II-V7-I

Improvisando na Forma A-B-A.
Escolha o estilo de acompanhamento e escreva.

23.

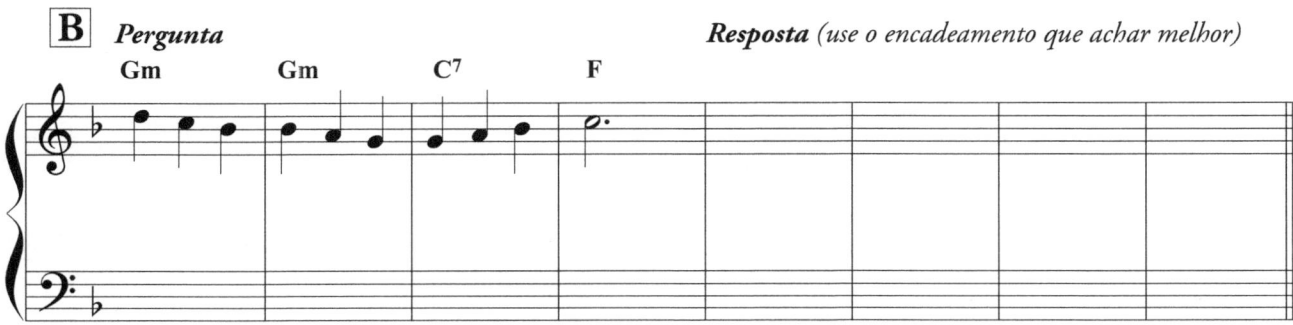

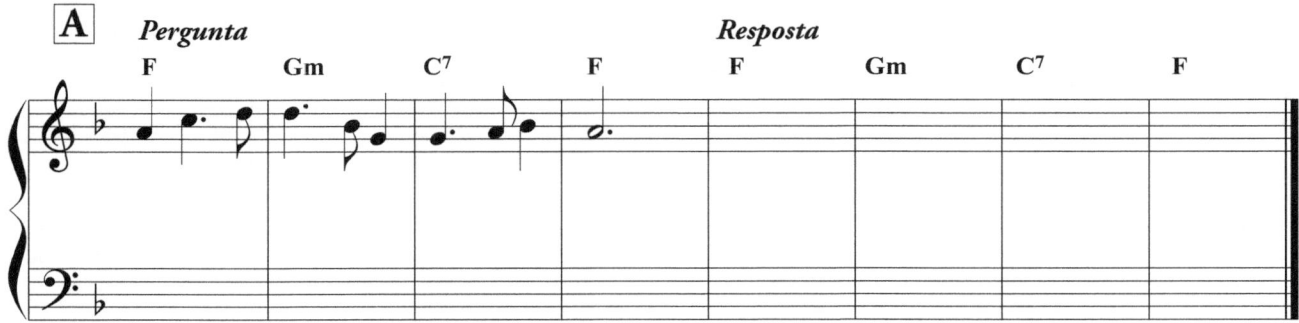

Ao chegar aqui, o aluno pode compor sua primeira música sozinho. Escolha uma tonalidade: maior ou menor, o compasso, o estilo e mãos à obra.

Encadeamento VI-II-V7-I
Duas vozes.
Escolha um estilo de acompanhamento e escreva.

24. Dó Maior

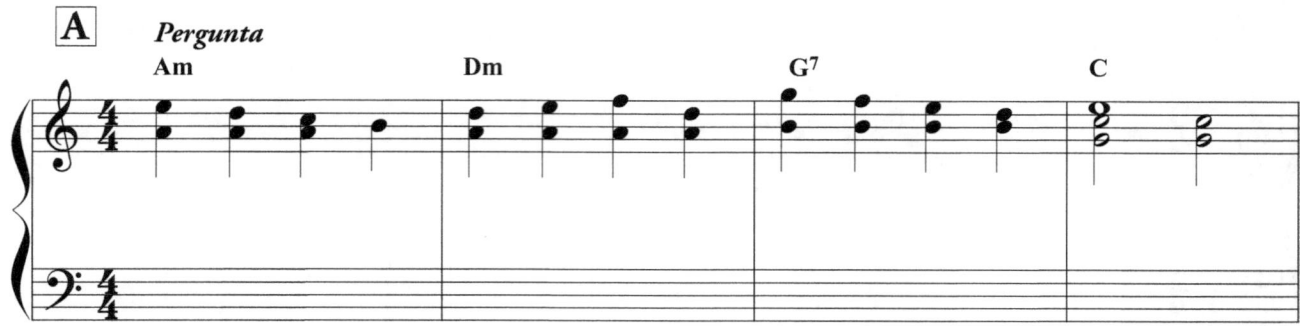

Após criar a melodia,* use a sequência harmônica.

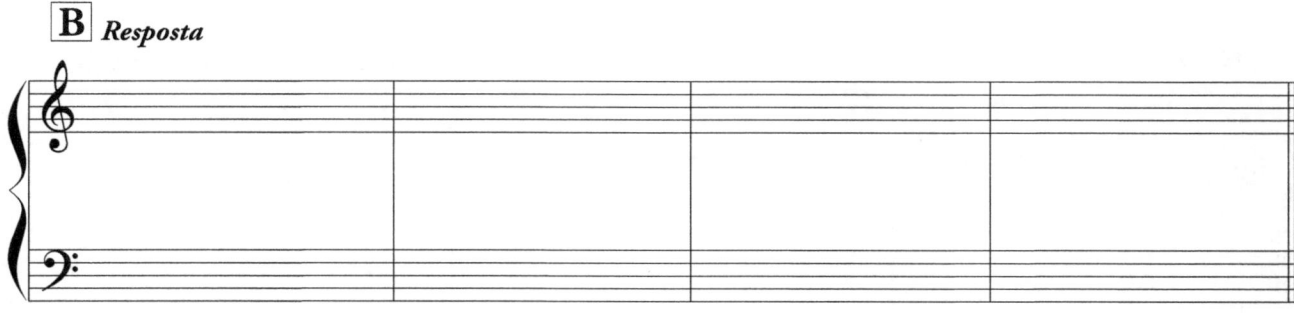

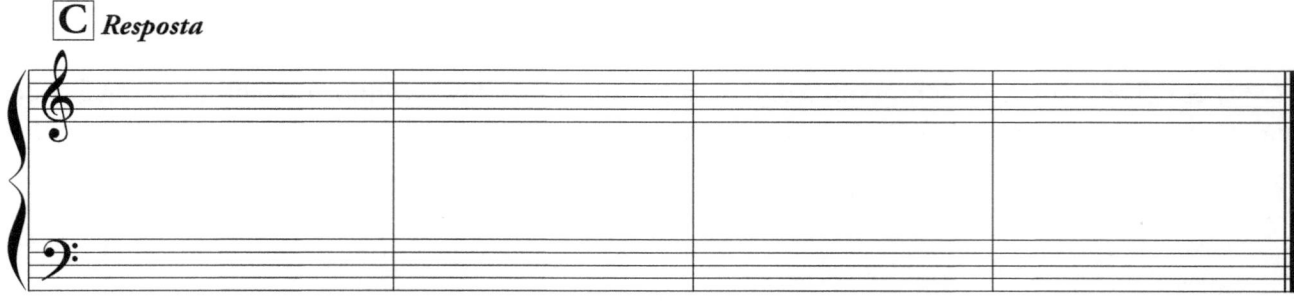

---

* A forma desta composição pode ser A-B (binária) ou A-B-A-C, se a última frase for diferente da segunda.

Dominante Secundária

É a dominante que prepara para outro acorde que não é a tônica.
Toque também com acorde de bloco na mão esquerda, ou na direita, somando à melodia.

25.

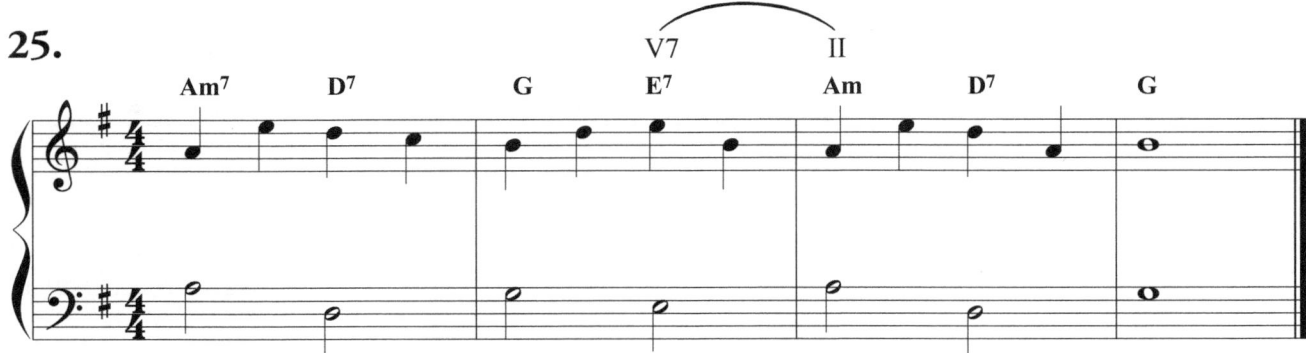

Faça o mesmo exercício colocando NP* entre as NA. Escreva:

Toque novamente colocando NV entre as NA. Faça várias vezes e depois escreva.

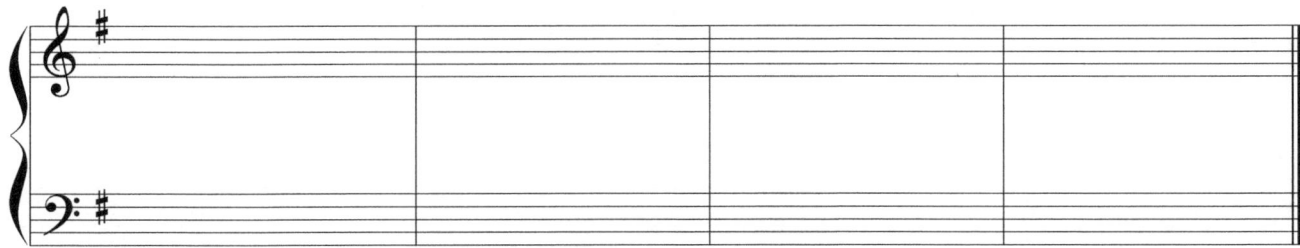

Use bordaduras e acrescente outros elementos estudados.

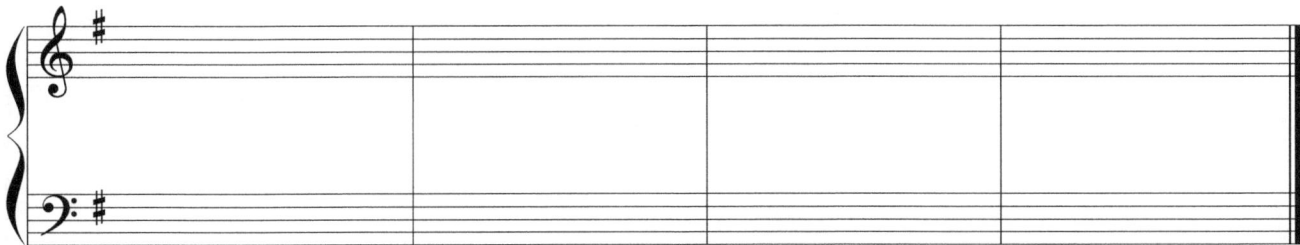

---

* NP: notas de passagem; NA: notas do acorde; NV: notas vizinhas.

Faça sua improvisação e coloque as letras correspondentes à FORMA de composição.
Circule a dominante secundária.

Observe o encadeamento na mão esquerda.

26.

Improvisação com Nota Pedal
Use os conhecimentos de harmonia para criar frases diferentes.

27.

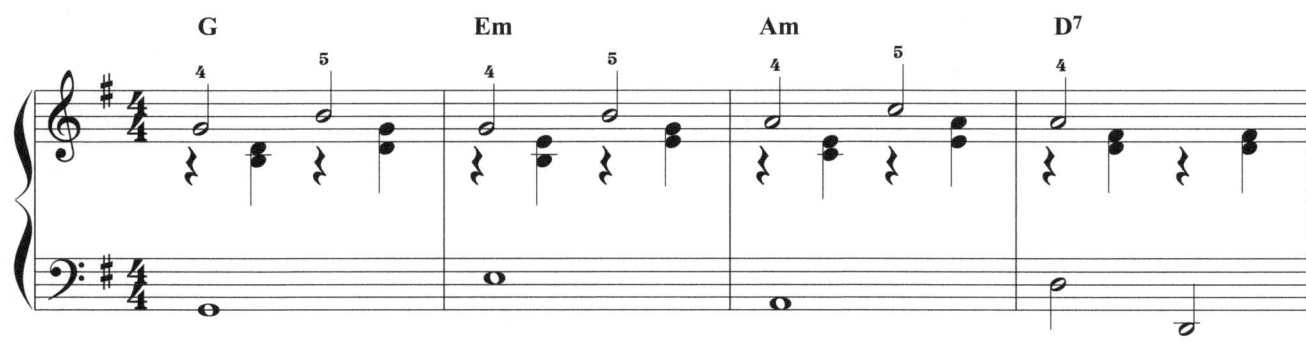

Pergunta - 2º tema *(observe a mudança para acordes maiores)*

Resposta

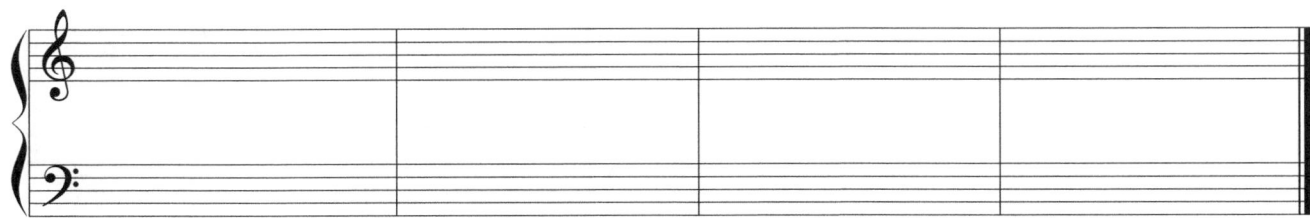

30. Lídio
Pergunta

Resposta

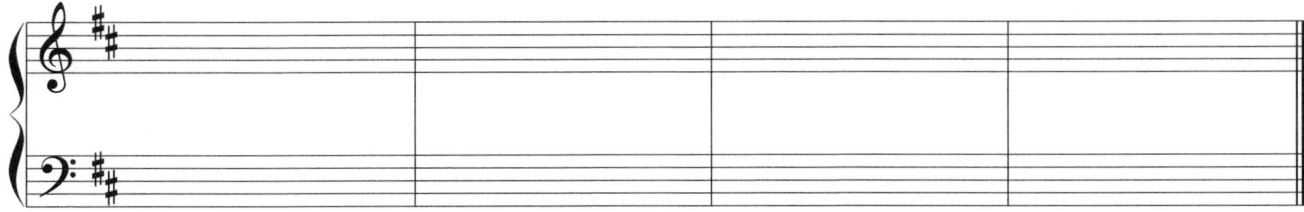

31. Eólio
Pergunta

Resposta
Gm

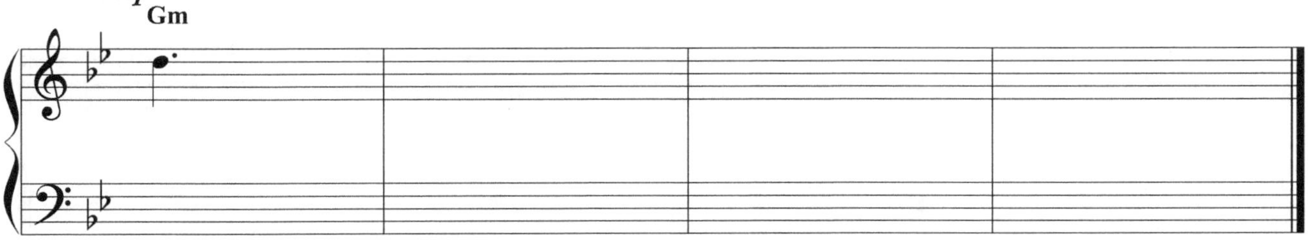

Variações
A História do Soldado

Abigail R. Silva

Tomamos um tema do folclore e criamos várias cenas através de diferentes escalas, estilos, acompanhamentos e ritmos. Desperte sua imaginação: tome outro tema e crie a sua história.

Apresentação do recruta (Frígio)

Marchando (Ré Maior)

O soldado cansado

Sonhando (Ré♭ Maior) - Tocar oitava acima

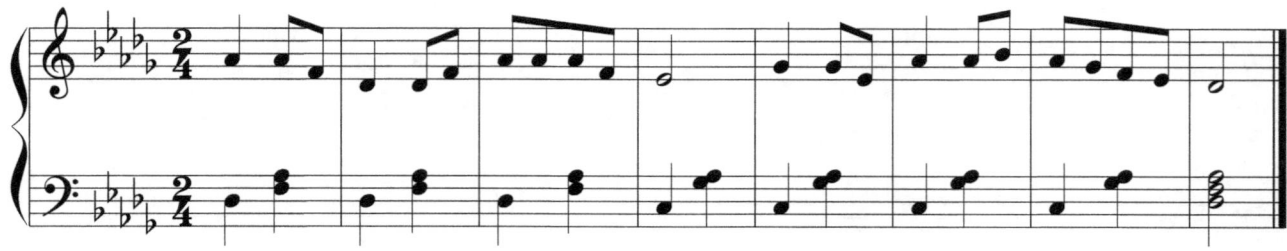

No baile

Dançando a valsa

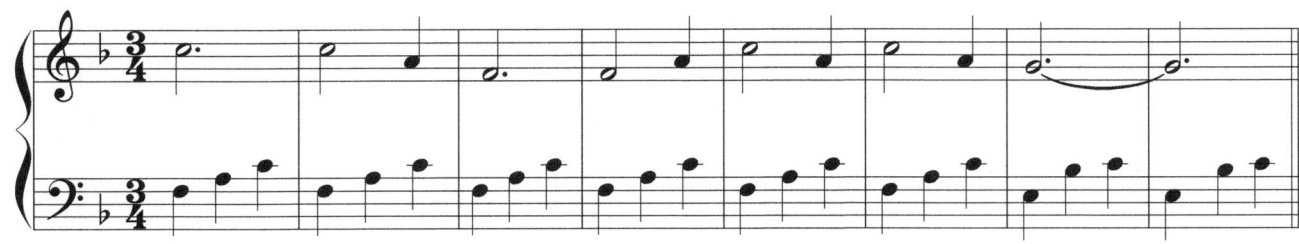

Soldado apaixonado

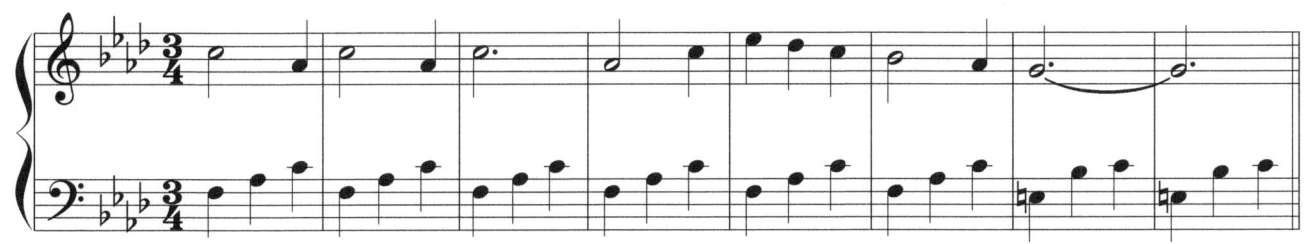

A volta para casa (Dórico)

Que é da Margarida

Folclore infantil

Abigail R. Silva

Nesta variação, exploramos as escalas modais criando um clima diferente através dos sons de cada escala. Pesquise um tema e faça a sua composição.

Apresentação do tema (Jônio)

Ré dórico (2º grau da escala de Dó)

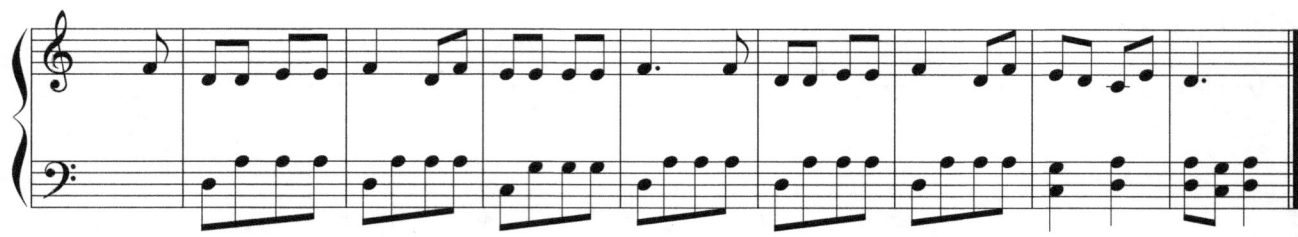

Sol mixolídio (5º grau da escala de Dó)

Lá eólio (6º grau da escala de Dó)

Frígio (3º grau da escala de Dó)

Frígio Maior

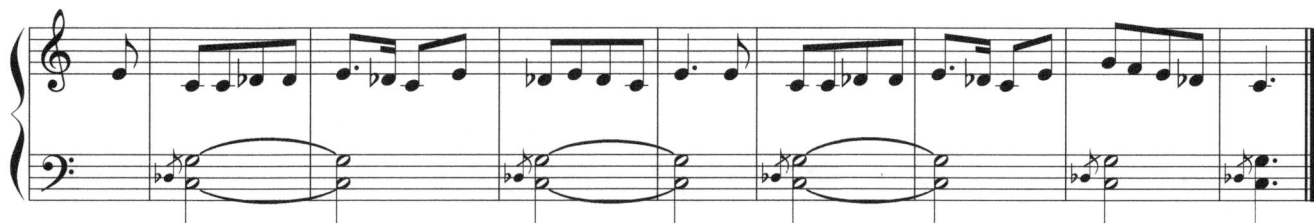

Caixinha de música *(bem agudo)*

Pentatônico *(Chinês)*

Bitonal *(bem rápido)*

Variações Sobre a Peça
Um, Dois, Três

Do livro de repertório

Abigail R. Silva

1. Intercalando NP (notas de passagem) entre as notas do acorde.
2. Bordaduras superior e inferior.
3. Intercalando NA (notas do acorde) entre as notas de passagem.
4. Mudança no estilo de acompanhamento.

Variações no Modo Menor

Analise o exemplo abaixo:

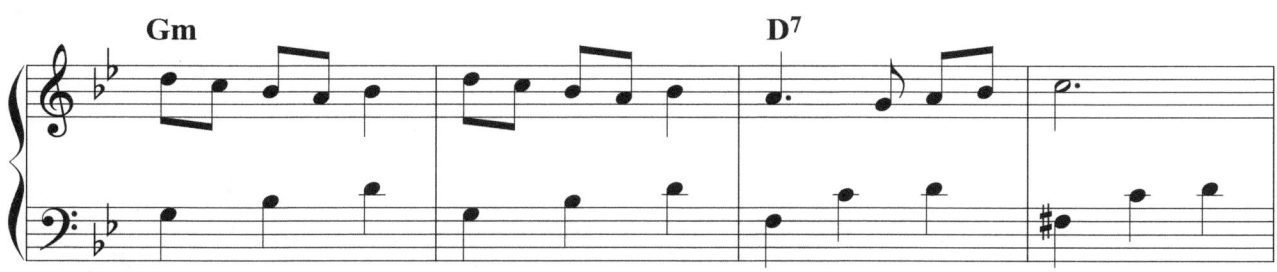

Escolha uma música e faça variações.

Seis por Oito

Abigail R. Silva

Estude esta peça. Toque também no modo menor, depois faça as variações sugeridas nas páginas seguintes. Toque todas como se fossem uma só música.

Variações Sobre a Peça
Seis por Oito

32. Completar com uma nota de passagem nos espaços vazios. Escrever o acompanhamento.
Sempre tocar antes de escrever.

33. Substitua a nota do meio (do original) por uma nota acima. O resultado será uma bordadura superior. Nos compassos de uma nota, use notas de passagem.

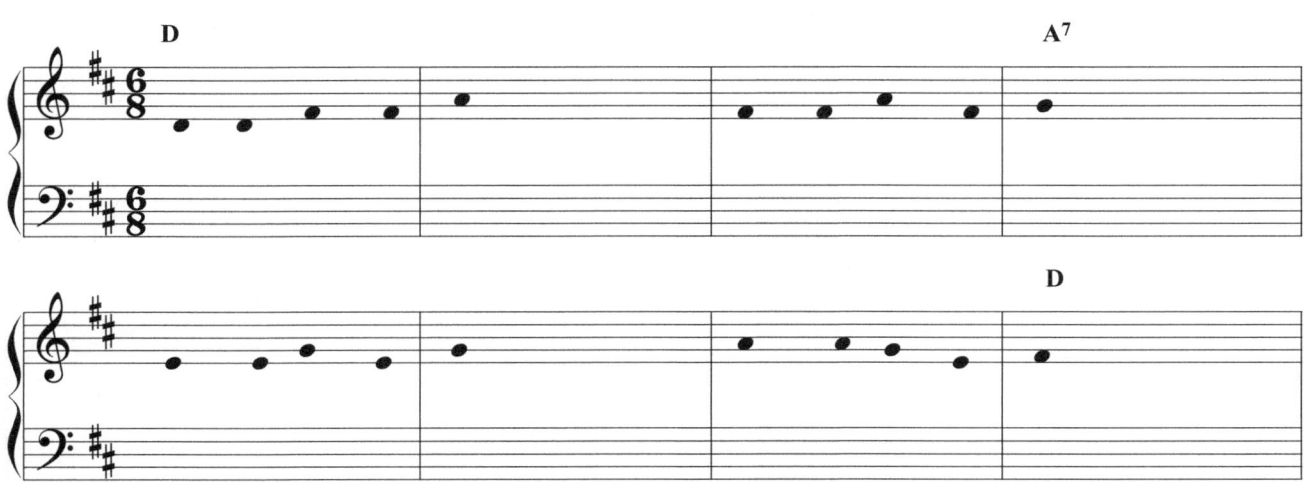

Sempre complete a linha da clave de Fá.

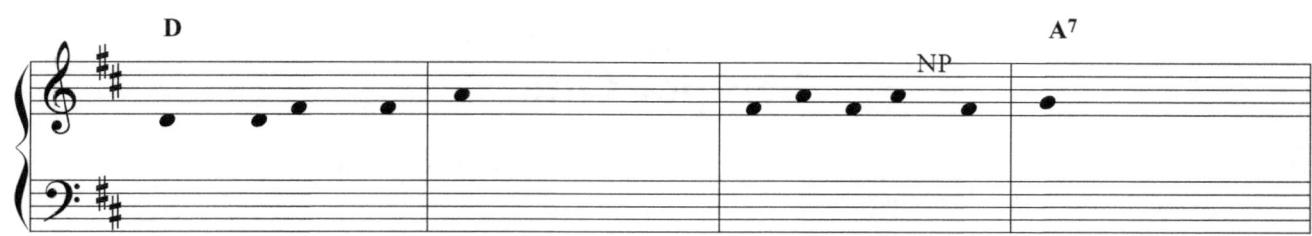

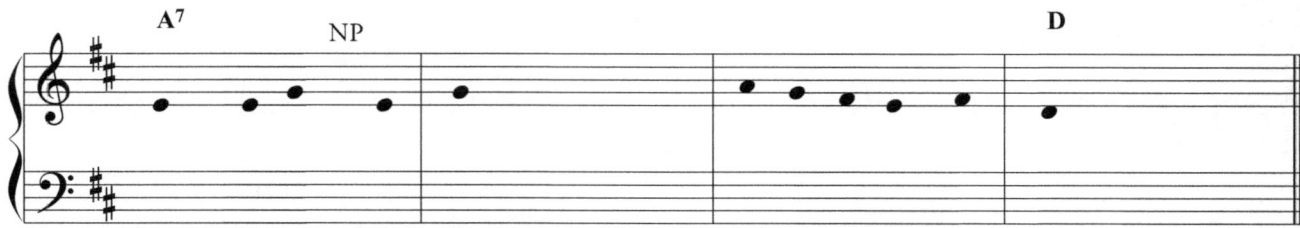

34.   Bordadura inferior e notas do acorde.

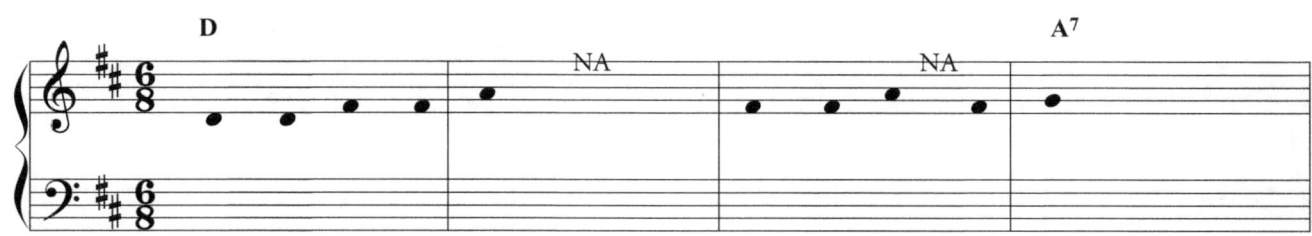

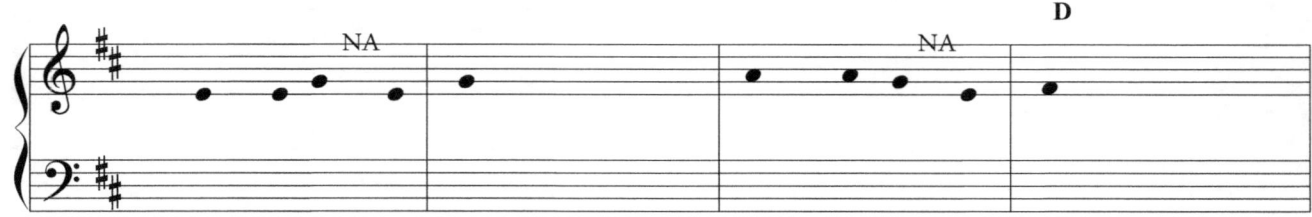

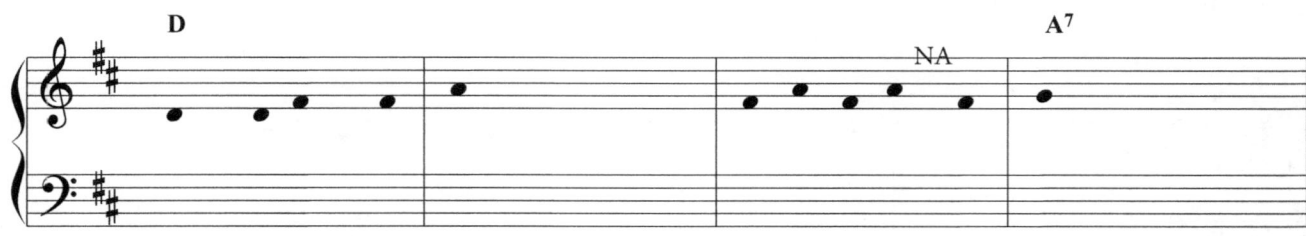

35. Usar BS (bordadura superior) no 1º tempo e BI (bordadura inferior) no 2º, ou ao contrário.

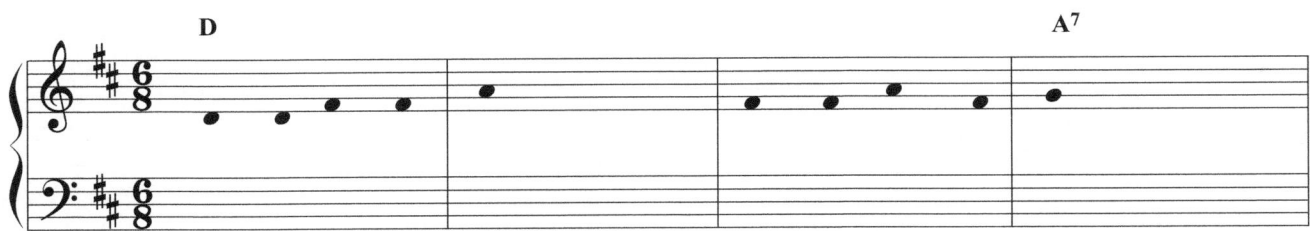

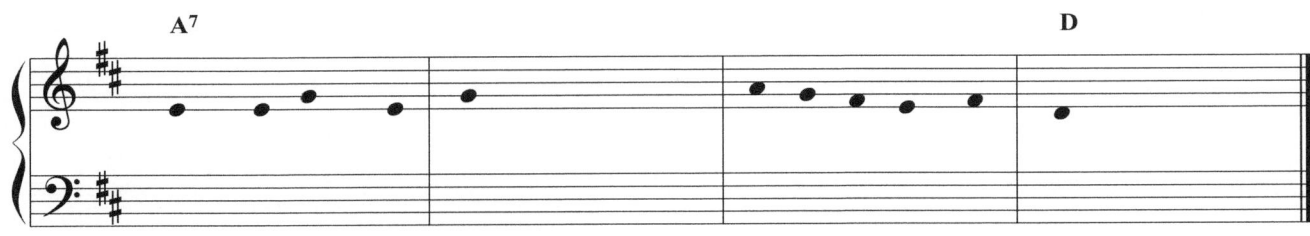

36. Usar notas de passagem, seguindo o exemplo do 1º compasso.
Lembre-se: primeiro, toque olhando a música original, depois escreva.

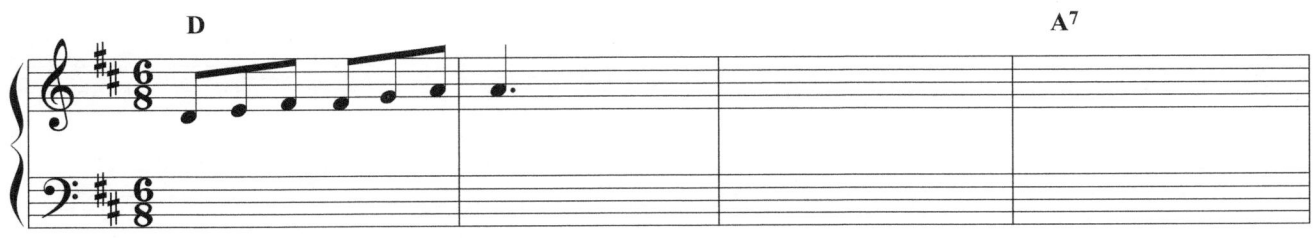

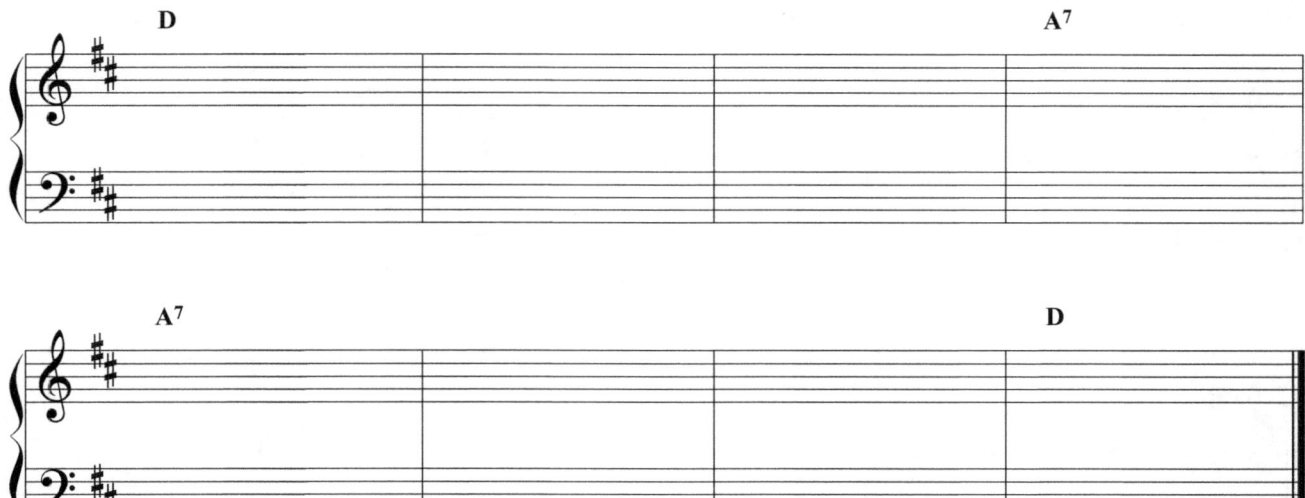

37. Toque e escreva no modo menor: Ré menor.
Procure achar um acompanhamento adequado.

38. Toque no modo menor, com as variações conhecidas.
Faça diversas experiências, depois escreva a melhor.

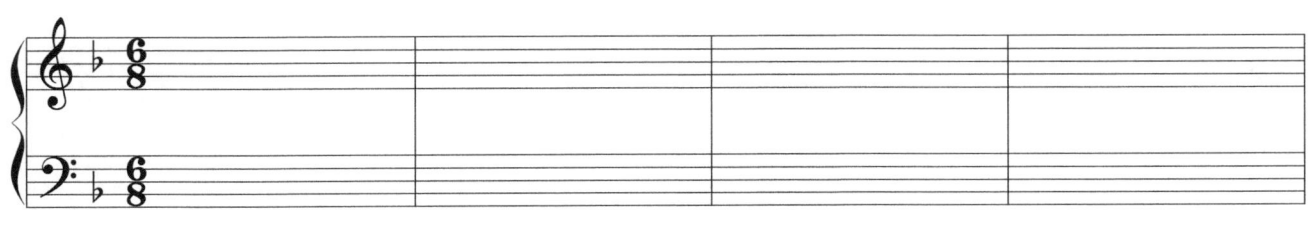

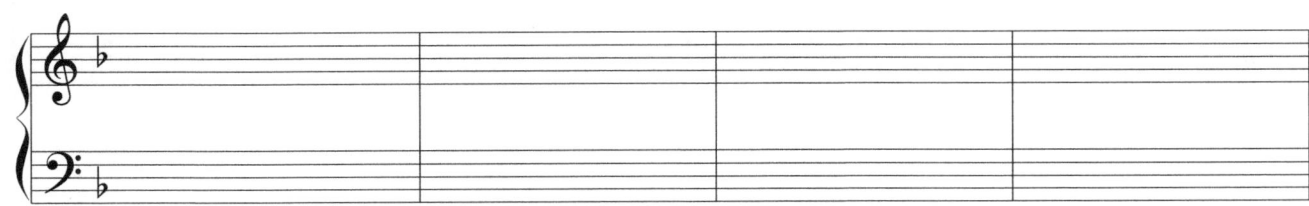

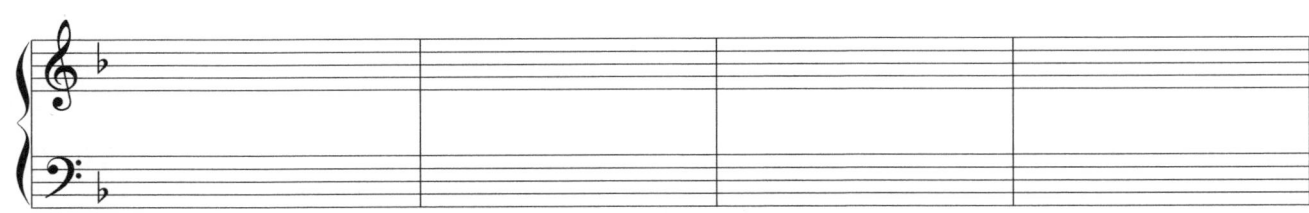

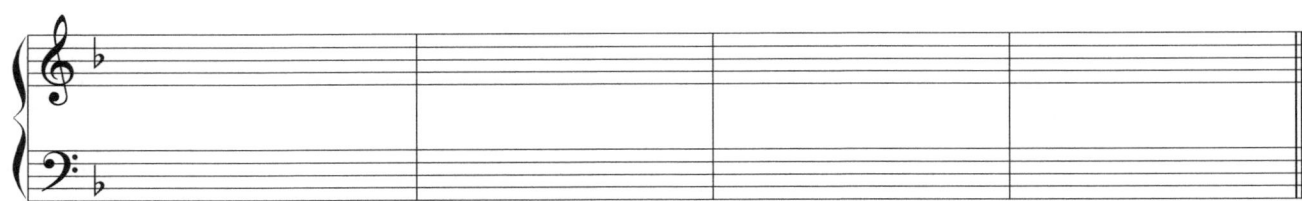

39. Duplicamos as colcheias em grupos de semicolcheias, usando bordaduras, conforme exemplo.

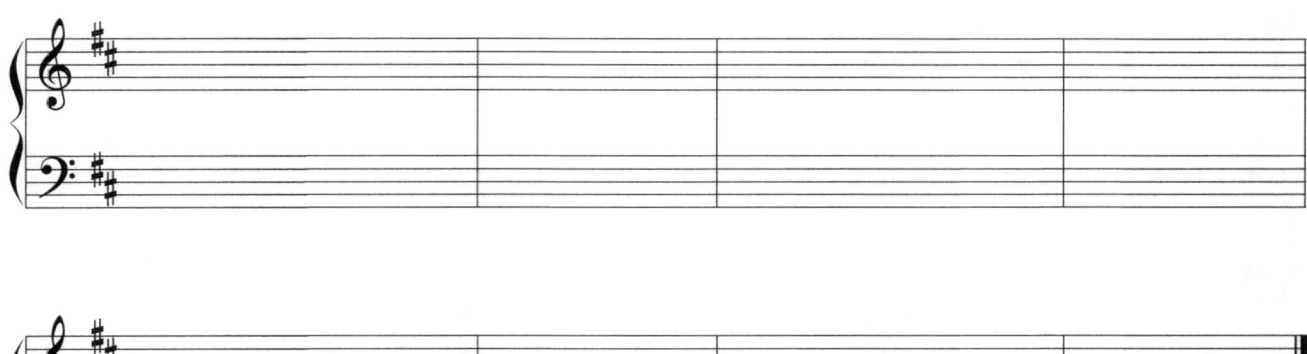

40. Vamos transformar a música em valsa?
Verifique o exemplo e toque também no modo menor.

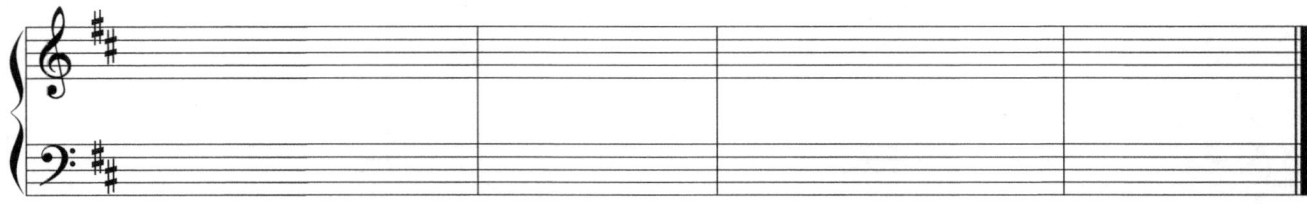

41. Passamos para compasso 4/4 e usamos quiálteras.
Continuamos usando as bordaduras e notas de passagem.
Observe os acidentes usados para manter o padrão do semitom.

Variamos a nota do baixo.

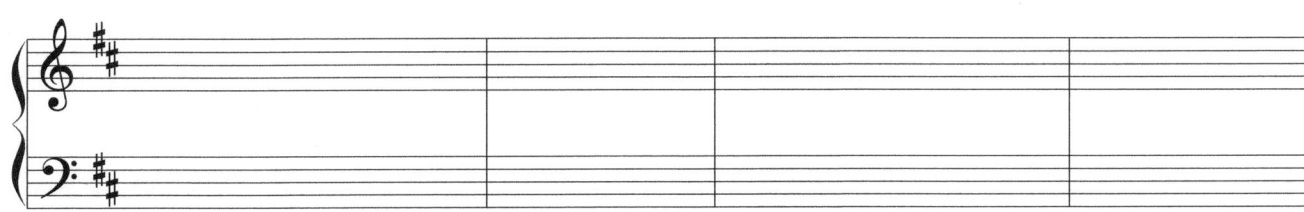

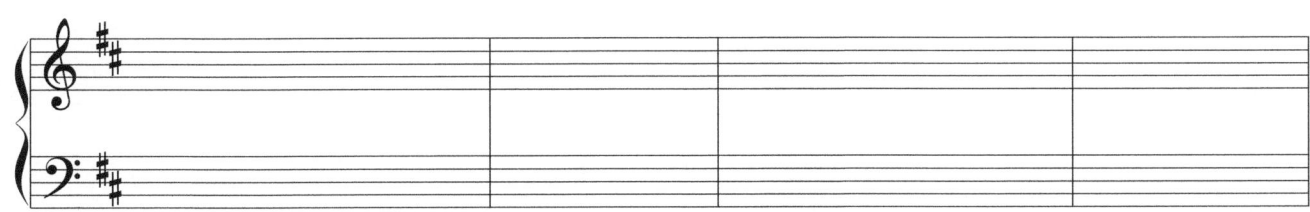

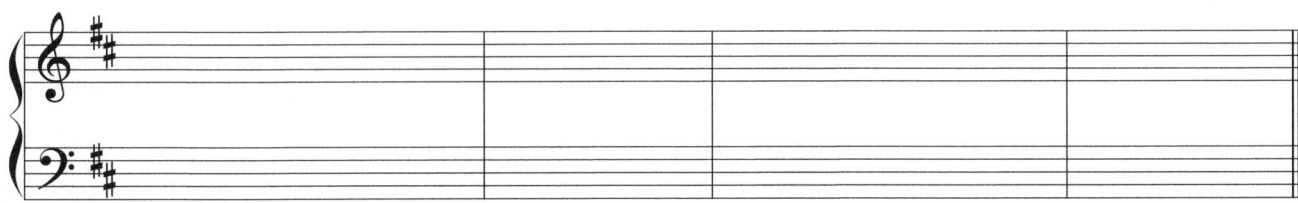

42. Notas de aproximação: superior e inferior.

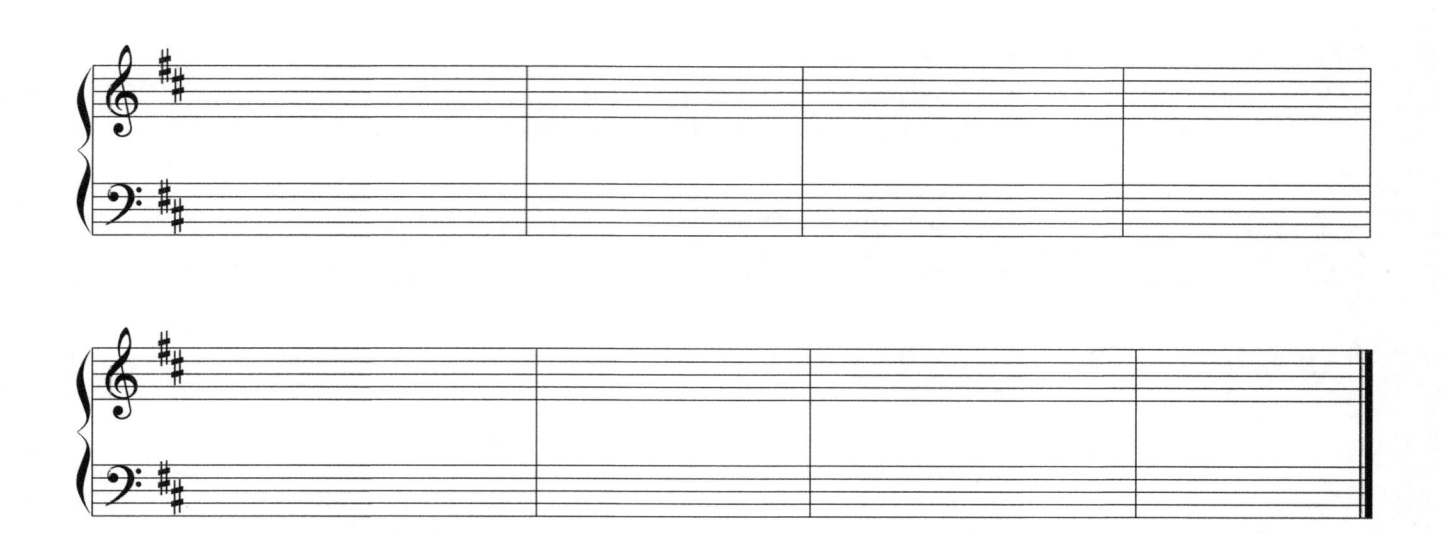

43. Crie agora a sua variação usando alguns dos elementos anteriores ou buscando, mais adiante, novas idéias nas páginas de "Padrões para improvisações".

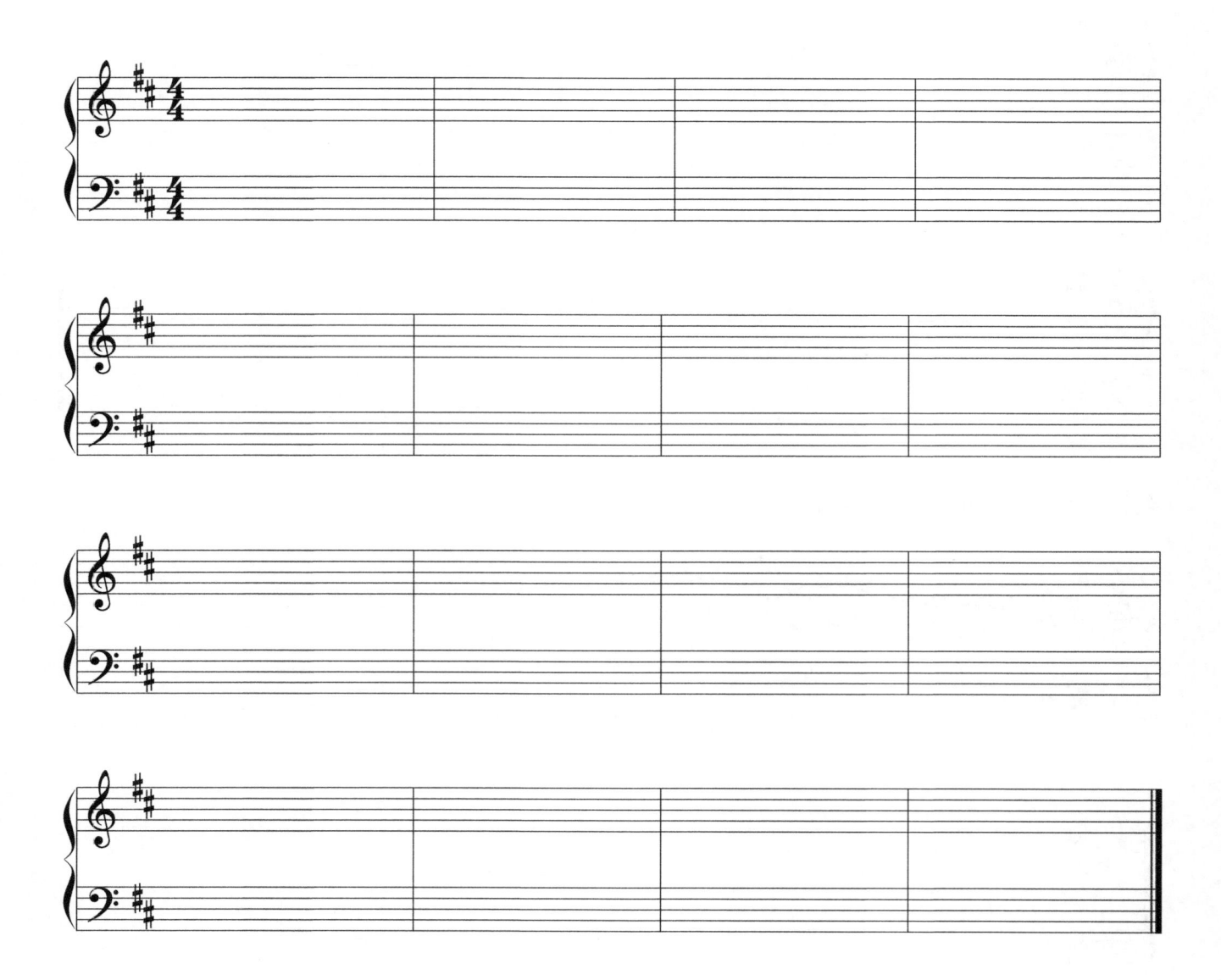

Variações realizadas por alunos **(1)**.

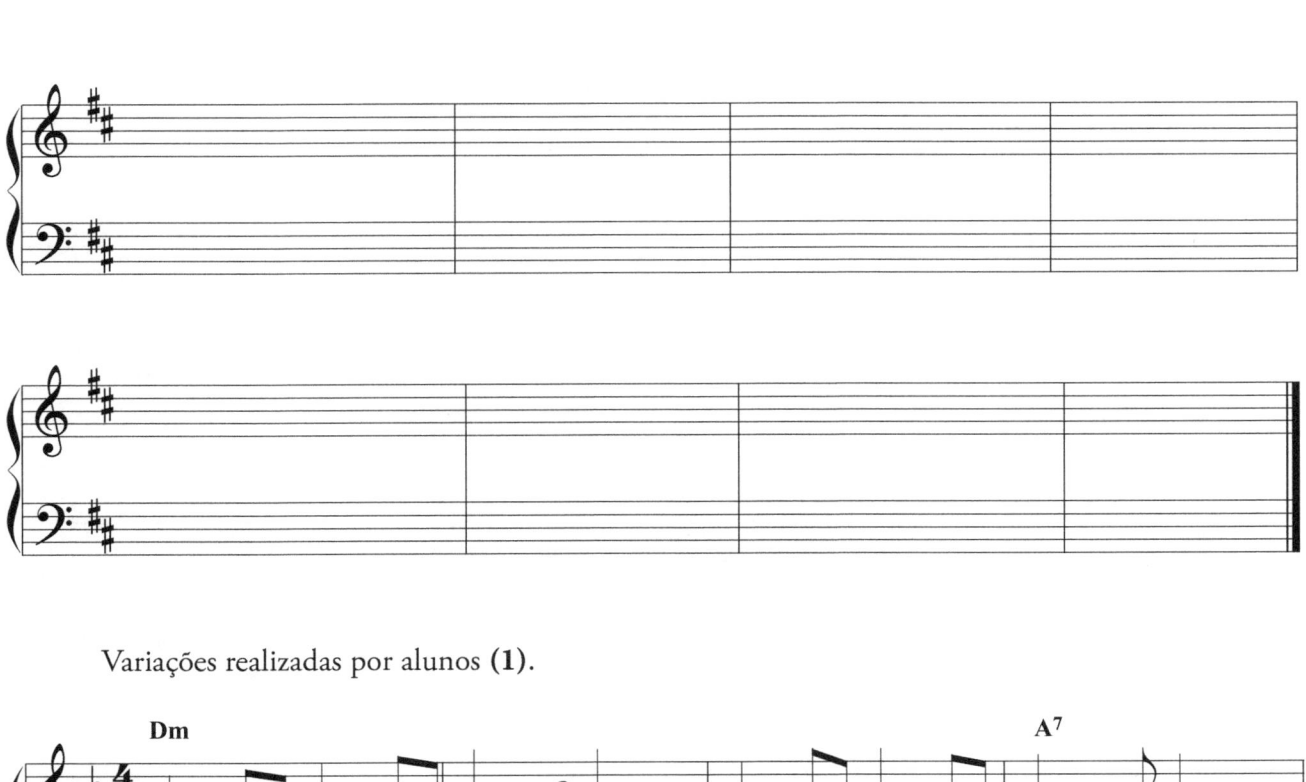

Variações realizadas por alunos (2).
Nota de aproximação cromática.

Apresentamos abaixo uma lista de opções para improvisar fazendo variações nas músicas:

1. Bordadura superior e notas de passagem.
2. Bordadura inferior e notas de passagem.
3. Modo menor com bordaduras.
4. Mudar uma nota em grupos de duas, três ou mais notas iguais.
5. Tocar em outro modo.
6. Misturar as bordaduras: modo maior.
7. Misturar as bordaduras: modo menor.
8. Improvisar nos compassos de notas longas, com notas da escala, do acorde, ou ambas.
9. Mudar o valor das figuras, usando quiálteras, síncopas, semicolcheias etc.
10. Mudar o compasso.
11. Notas de aproximação: diatônicas e cromáticas.
12. Figuras pontuadas.
13. Inverter o desenho melódico.
14. Notas de passagem: diatônicas e cromáticas.
15. Notas de aproximação duplas. Exemplo no capítulo dos padrões.
16. Polifonia.

Padrões Para Improvisação

Notas de passagem – Notas que ficam entre as notas do acorde.

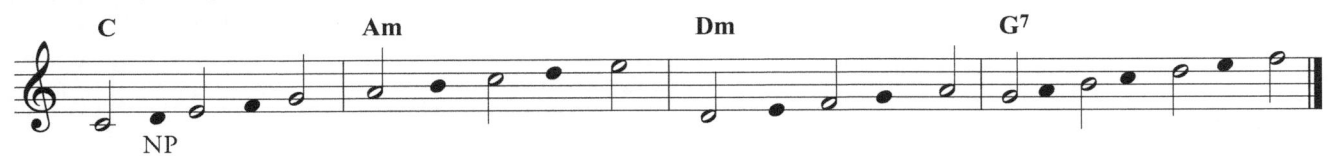

Bordaduras são feitas tocando-se a nota base, indo para a nota vizinha e voltando.

Bordadura superior – Usando como base as notas da escala.

Bordadura inferior – Usando como base as notas da escala (NE).

Bordadura superior – Cromática.

Bordadura inferior – Cromática.

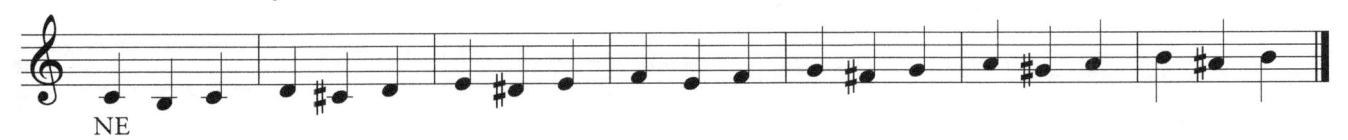

Nota de aproximação: toca-se a nota vizinha no tempo.

Diatônica

Nota de aproximação – Cromática.

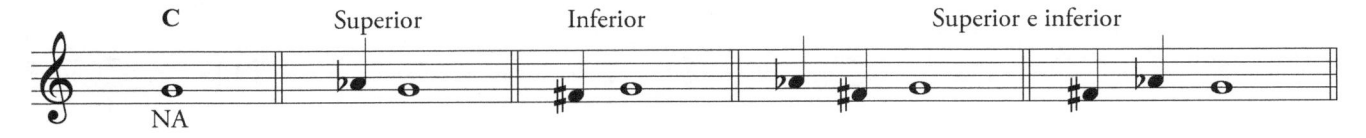

Aproximação mista – Diatônica e cromática.

Escala com notas de aproximação

Bordaduras

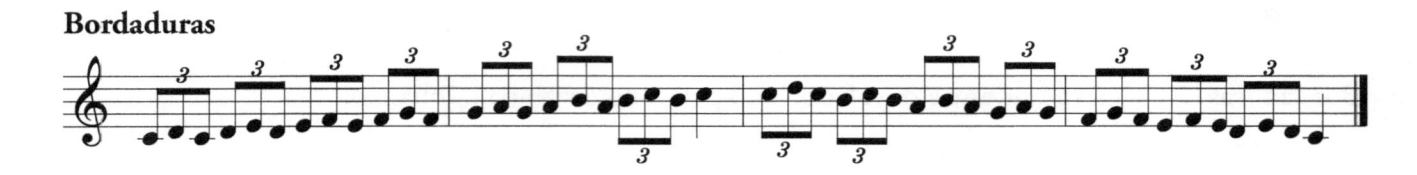

Grupetos – Soma das bordaduras superior e inferior.

Diatônica

Cromática

Mesmo desenho do grupeto, em colcheias

Aplicando vários tipos de aproximação na nota do acorde (NA: nota alvo).

Diatônica
C
NA

Cromática
C
Nota alvo

Aprox. superior diatônica   Aprox. superior cromática   Aprox. inf. diatônica   Aprox. inf. cromática
Dm⁷
NA   NA   NA

Usando as notas superior e inferior da nota do acorde.   **Usando as notas inferior e superior da nota do acorde.**

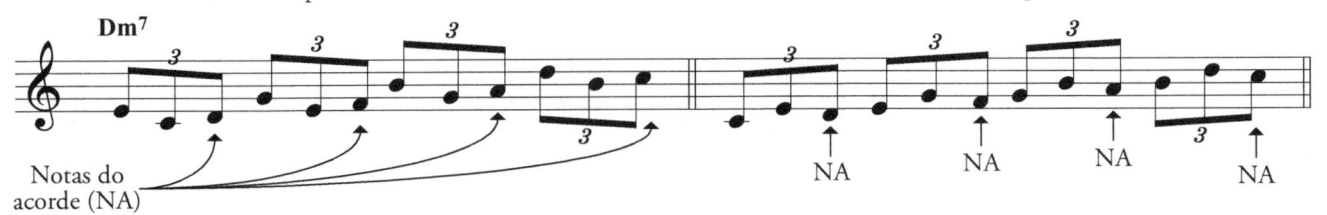

Notas do acorde (NA)

Superior diatônica, cromática e inferior cromática

Superior e inferior (semitom) e nota do acorde

Sequência I-VI-II-V7 – Usando notas vizinhas das notas do acorde.

Notas vizinhas em movimento descendente

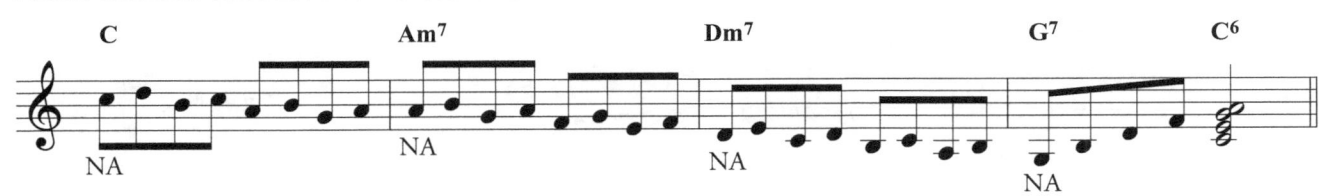

Nota do acorde, vizinha superior, vizinha inferior e nota do acorde

Aproximação cromática: AC (notas do acorde no tempo).

Aproximação cromática: observe o movimento das notas.

39

Nota de aproximação no tempo

Cromática
C   Dm⁷   G⁷

44. Notas do acorde e aproximação cromática: escreva e toque.

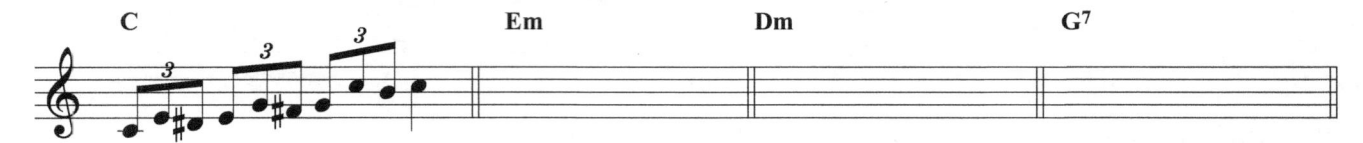

C   Em   Dm   G⁷

45. Nota de aproximação e bordadura

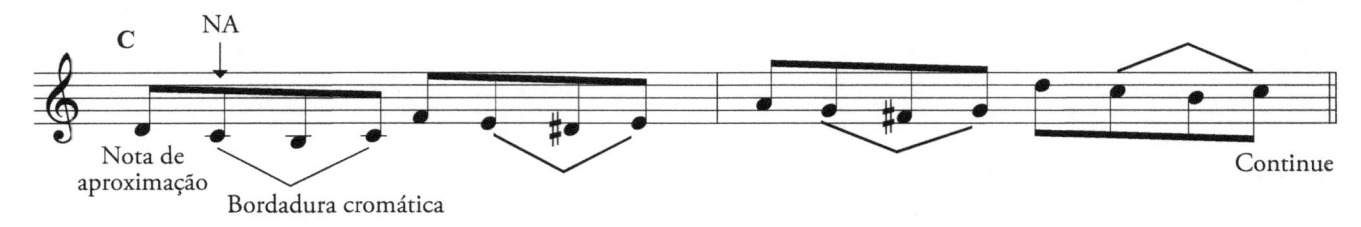

C NA

Nota de aproximação   Bordadura cromática   Continue

Improvisação usando notas fora do acorde

Aproximação de baixo para cima, de cima para baixo, diatônica, cromática, apogeatura e retardo.

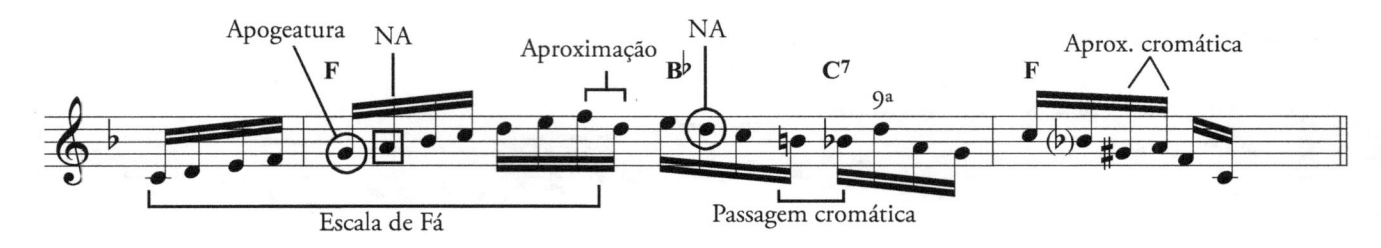

Apogeatura NA   Aproximação NA   Aprox. cromática
F   B♭   C⁷   F
                       9ª

Escala de Fá   Passagem cromática

46. Exercício para tocar bordaduras. Praticar em todas as notas.

F   C
Nota real ou do acorde   Iniciando pela NA   Iniciando pela nota vizinha: nota de aproximação

G   D   A

E   D♭

Cromático
C   D   E

Técnica

Cifras

As cifras são letras do nosso alfabeto, que nomeiam as notas, desde o tempo da Grécia Antiga. A origem do nome das notas, tal qual conhecemos, data da Idade Média.

Um frade italiano, Guido d'Arezzo, escreveu um hino em homenagem a São João Batista, em latim, e, extraindo a primeira sílaba da primeira palavra de cada verso, deu origem ao nome das notas usadas nos países colonizados pelos católicos.

Com o nome das notas foram criadas as CIFRAS, que indicam os acordes.

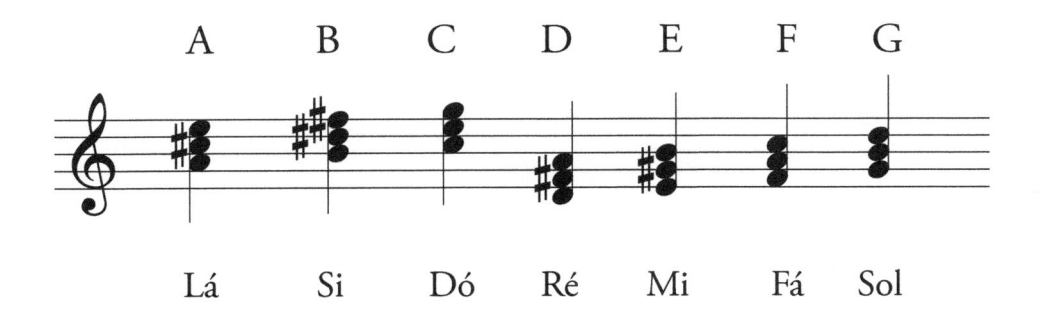

A B C D E F G

Lá Si Dó Ré Mi Fá Sol

A letra indica sempre um acorde maior.

Para indicar acordes menores, acrescentamos à letra um "m" minúsculo.

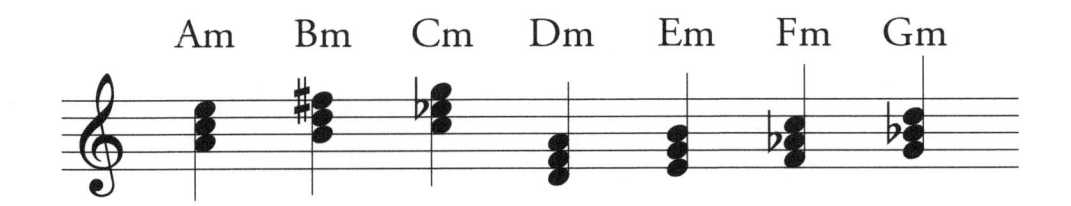

Am Bm Cm Dm Em Fm Gm

Temos ainda as abreviações:

dim para acordes diminutos (4 notas).
7 indica a sétima menor.
7M indica a sétima maior.
6 indica tríade com a sexta.
m7 indica tríades menores com 7ª menor.
m7(♭5) indica tríades menores com 7ª menor e 5ª diminuta.

Obs.: outras cifras serão apresentadas ao longo do curso.

47. Pentacordes

Escadinhas

Não basta aprender a tocar os pentacordes.
O estudo da harmonia e os exercícios de técnica são iniciados aqui.

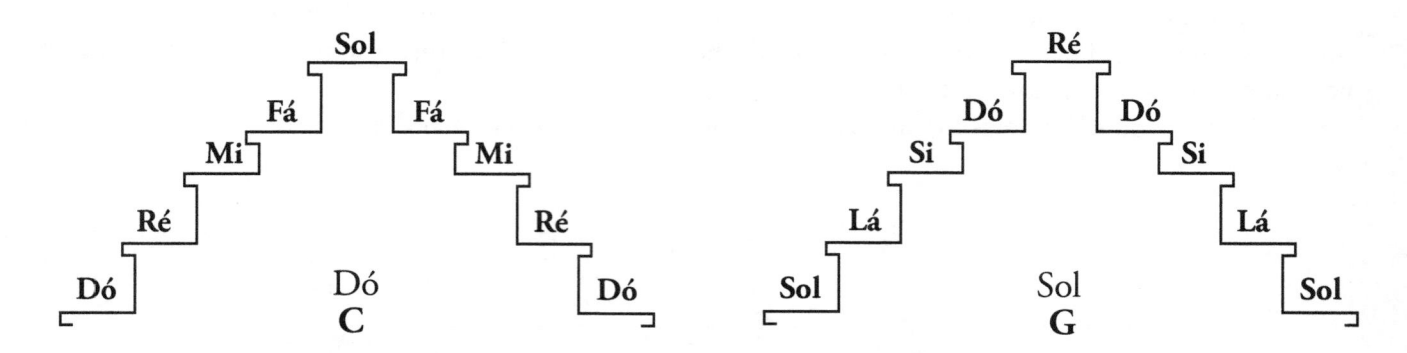

```
        Sol                                    Ré
      Fá   Fá                              Dó     Dó
    Mi       Mi                          Si         Si
   Ré         Ré                       Lá             Lá
  Dó    Dó     Dó                    Sol    Sol       Sol
         C                                    G
```

Para o aprendizado dos pentacordes de Ré e Lá, posicione o dedo do meio na tecla preta.

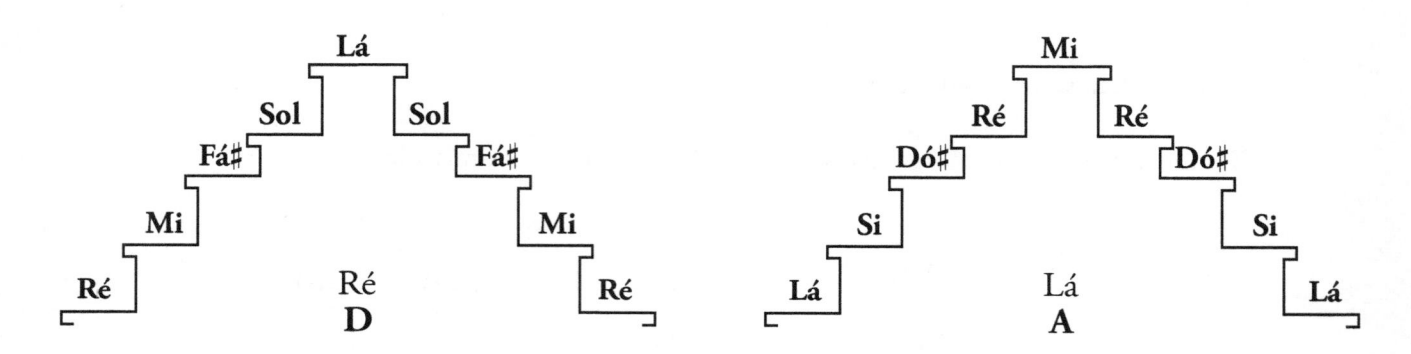

```
        Lá                                     Mi
     Sol   Sol                              Ré    Ré
   Fá#       Fá#                         Dó#        Dó#
  Mi           Mi                       Si            Si
 Ré      Ré     Ré                    Lá     Lá        Lá
          D                                    A
```

Mais modelos de exercícios e jogos, com a utilização das escadinhas, você encontra no *Guia do Professor*.

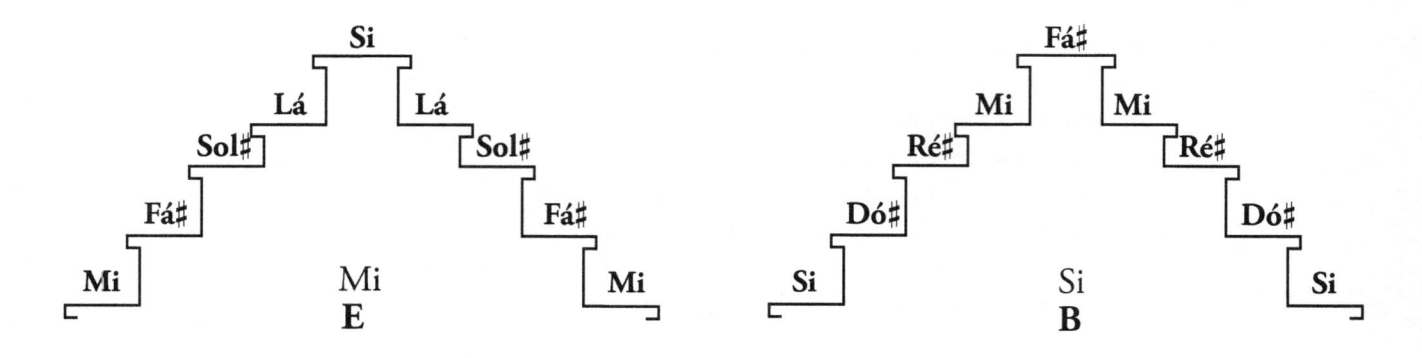

```
        Si                                    Fá#
      Lá   Lá                              Mi    Mi
   Sol#      Sol#                       Ré#        Ré#
  Fá#          Fá#                    Dó#            Dó#
 Mi     Mi      Mi                   Si     Si        Si
         E                                    B
```

Circule as notas dos acordes em cada escadinha estudada.

Escadinhas bemóis

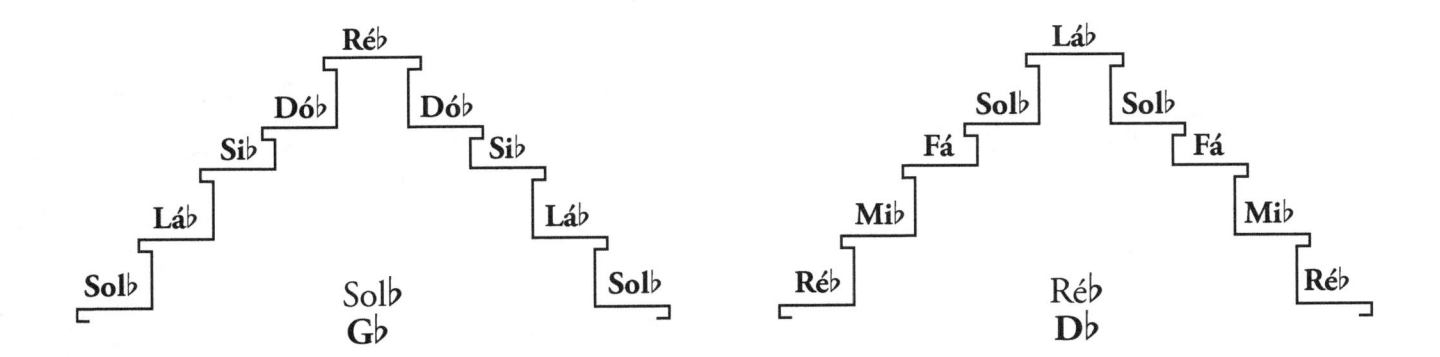

```
        Réb                              Láb
     Dób   Dób                        Solb   Solb
   Sib       Sib                    Fá         Fá
  Láb         Láb                 Mib           Mib
Solb           Solb              Réb             Réb
      Solb                              Réb
      Gb                                Db
```

Nos pentacordes de Ré♭ e Lá♭, o dedo do meio fica na tecla branca.

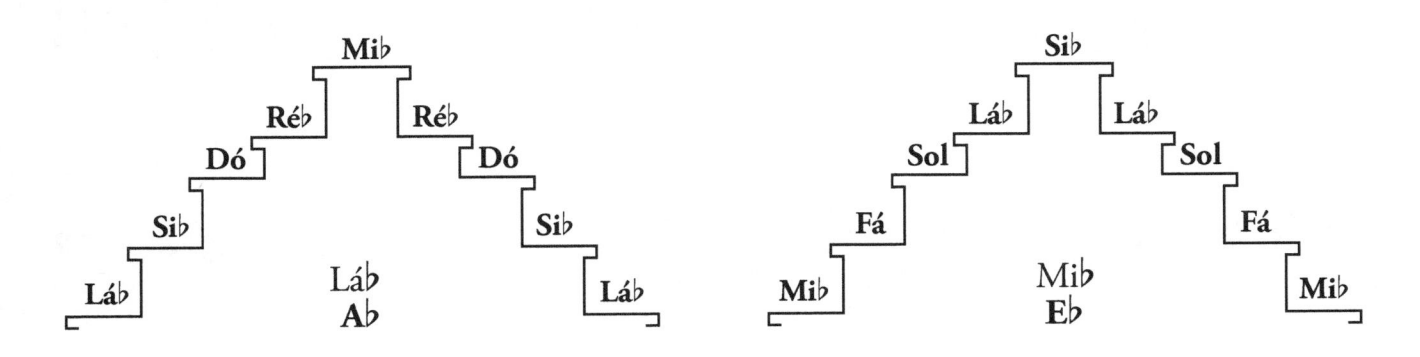

```
       Mib                              Sib
    Réb   Réb                        Láb   Láb
   Dó      Dó                      Sol     Sol
  Sib       Sib                   Fá         Fá
Láb          Láb                Mib           Mib
      Láb                              Mib
      Ab                               Eb
```

Fazer a associação dos pentacordes enarmônicos.

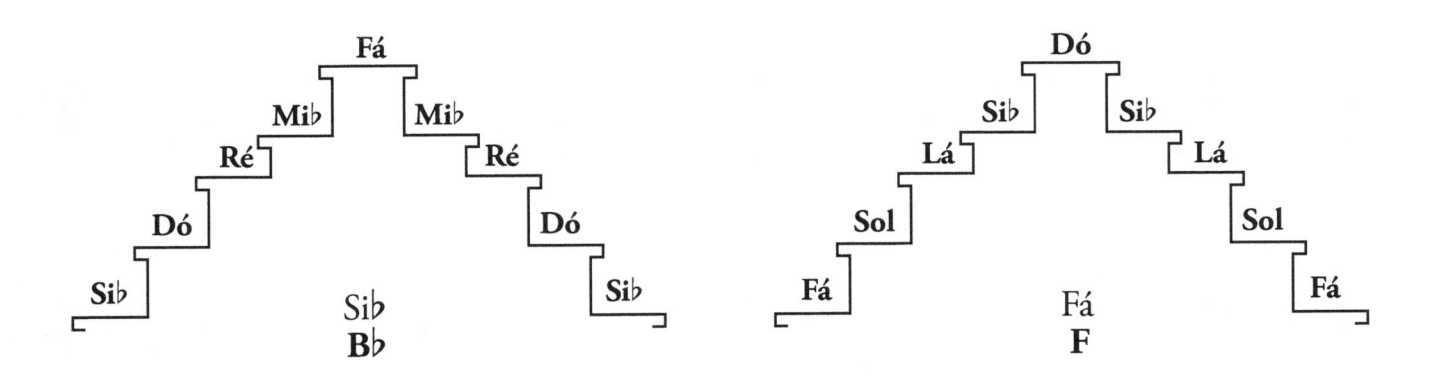

```
       Fá                               Dó
    Mib   Mib                        Sib   Sib
   Ré      Ré                       Lá      Lá
  Dó        Dó                    Sol        Sol
Sib          Sib                 Fá           Fá
      Sib                              Fá
      Bb                               F
```

48. Escalas Maiores com Sustenidos
Cifrar

49. Escalas Maiores com Bemóis
Cifrar

Fá

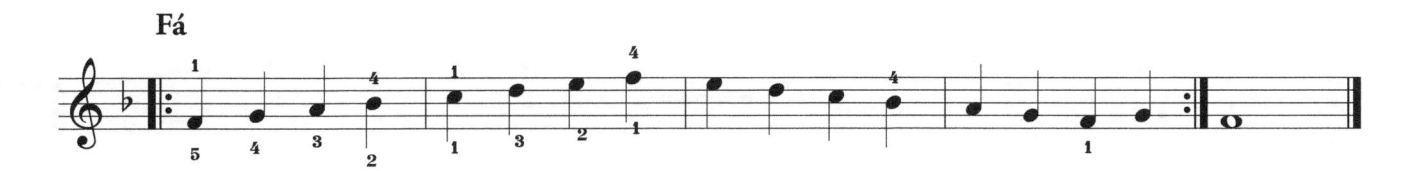

Si♭

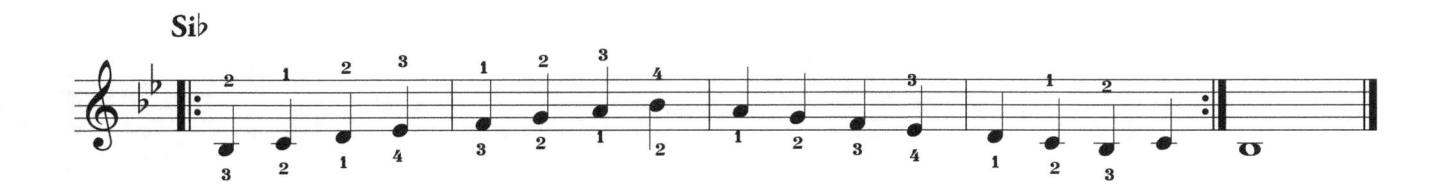

Mi♭

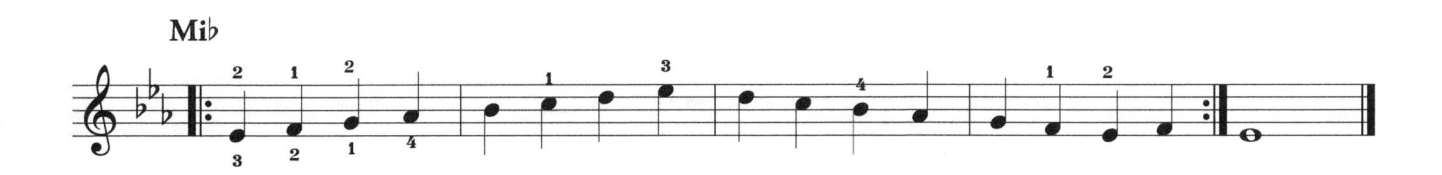

Lá♭

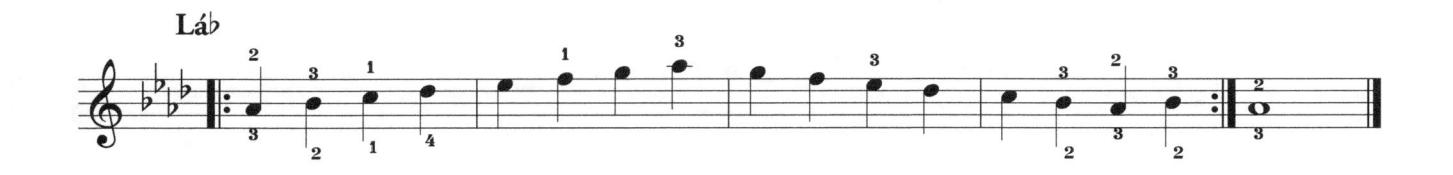

Ré♭

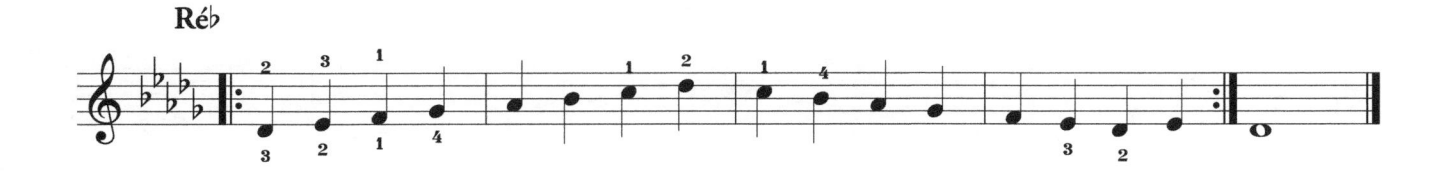

Sol♭

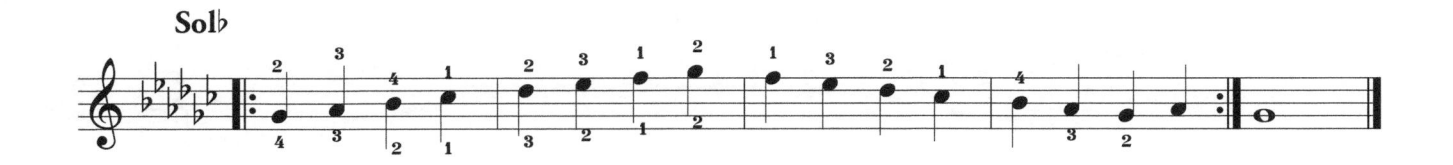

Dó♭

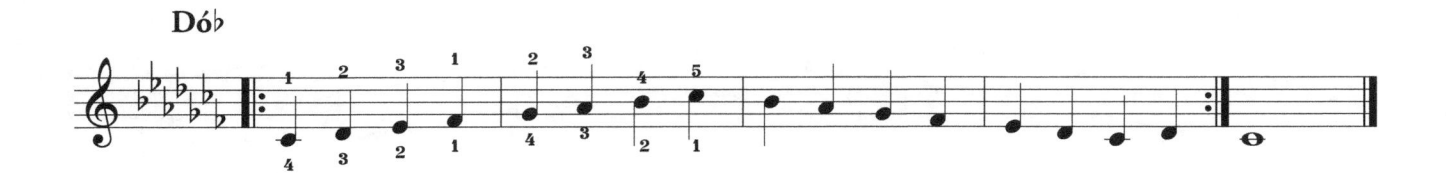

50.   Escalas Maiores com Bemóis
Duas Oitavas

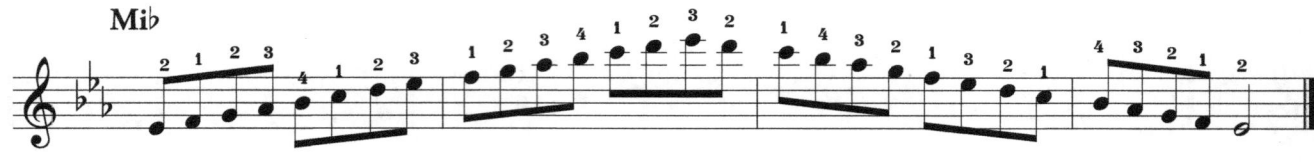

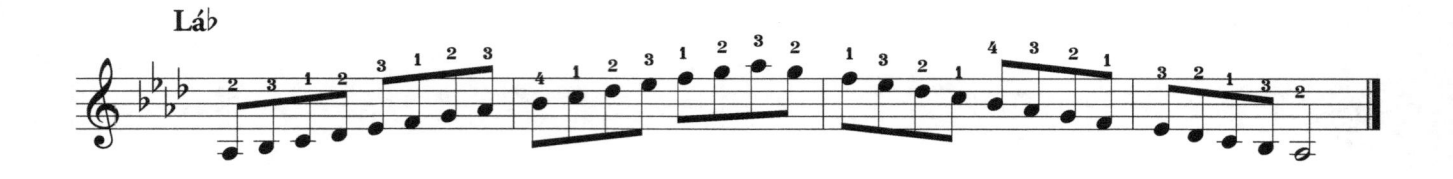

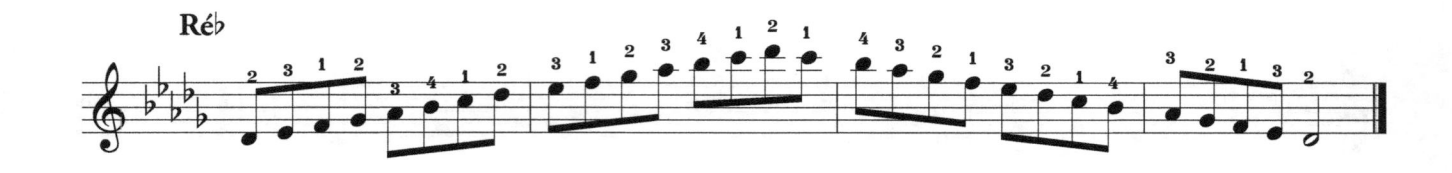

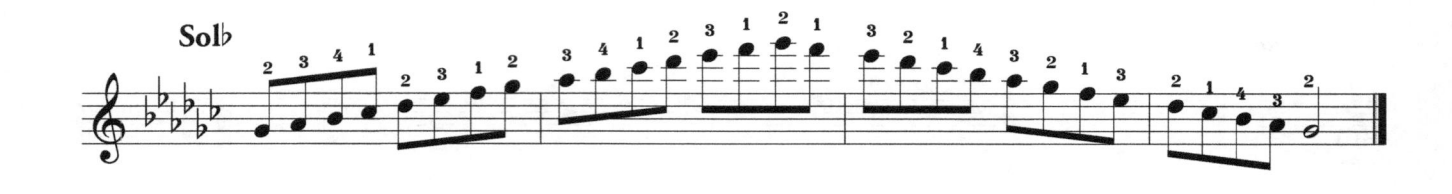

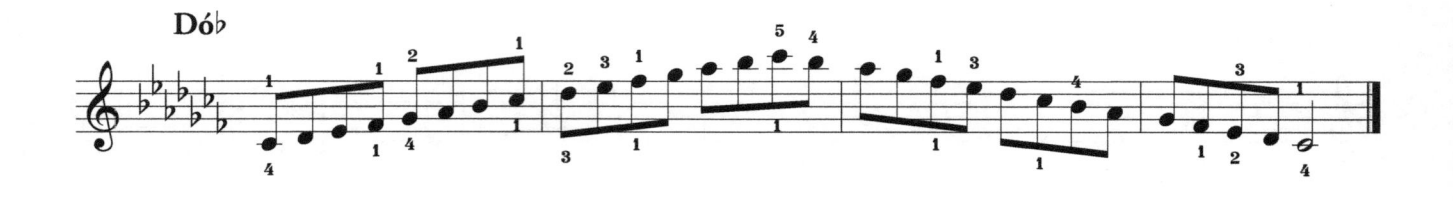

Fá

Si♭

Mi♭

Lá♭

Ré♭

Sol♭

Dó♭

51. Escalas Maiores com Sustenidos
Duas Oitavas

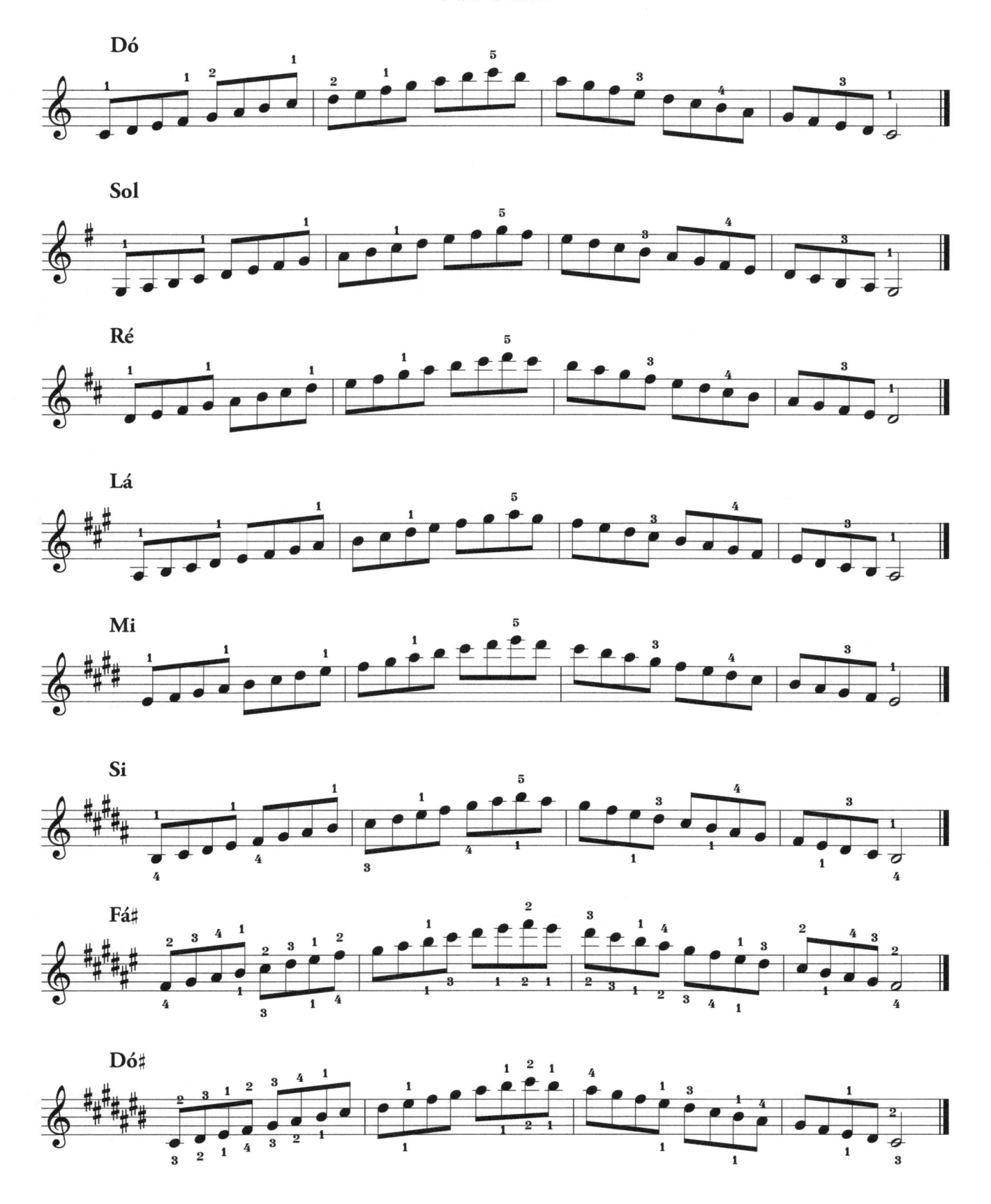

Dó

Sol

Ré

Lá

Mi

Si

Fá#

Dó#

52. Escalas Menores
Forma Harmônica

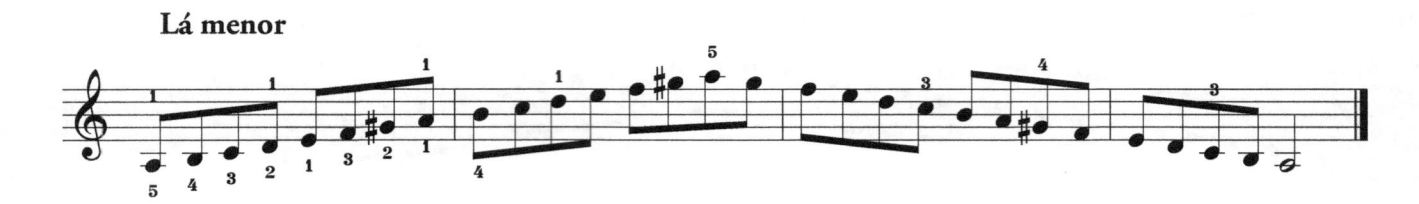

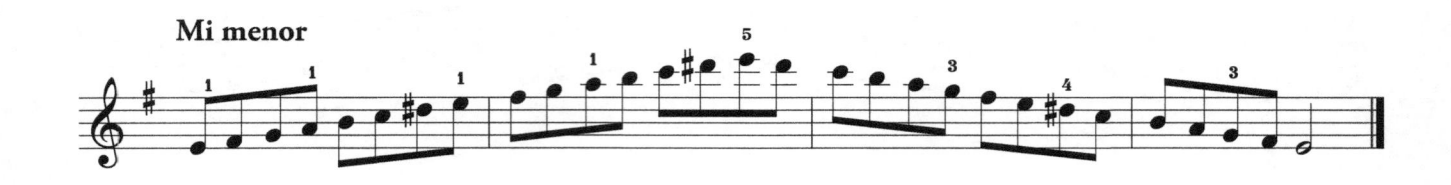

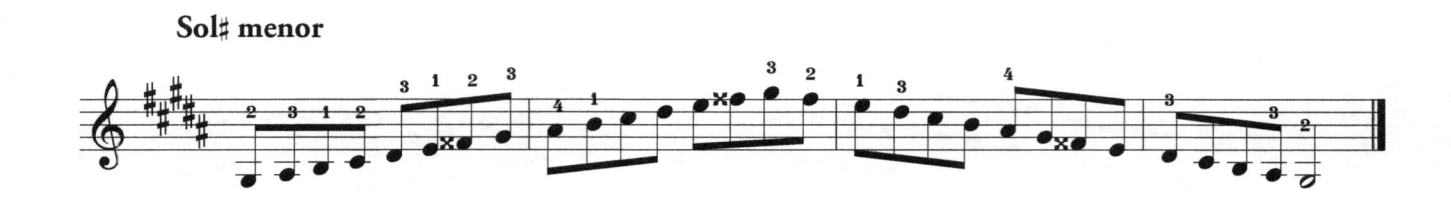

Lá menor

Mi menor

Si menor

Fá# menor

Dó# menor

Sol# menor

53. Escalas Menores com Bemóis
Forma Harmônica

Ré menor

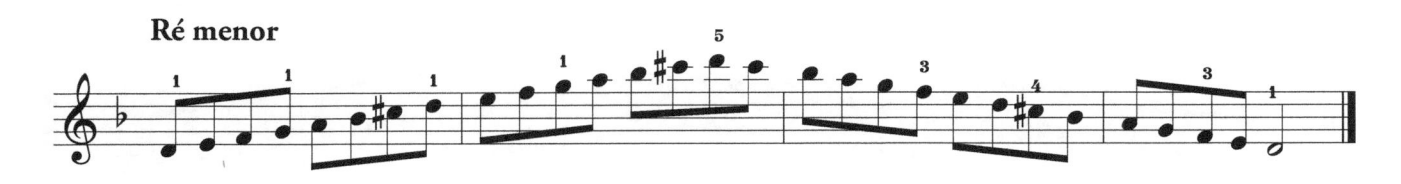

Sol menor

Dó menor

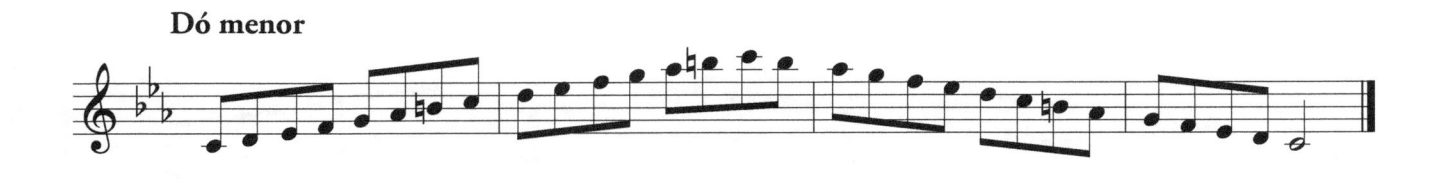

Fá menor

Si♭ menor

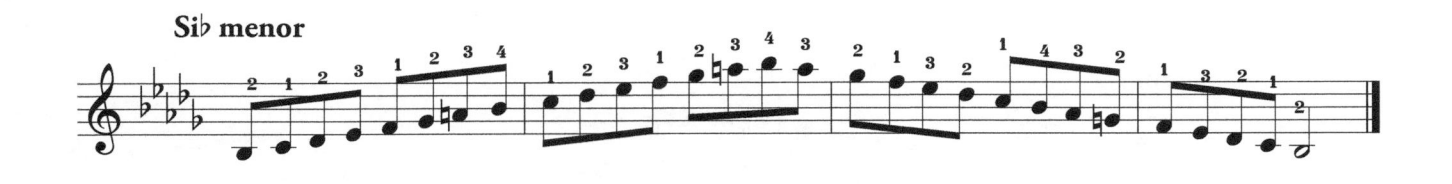

Mi♭ menor

54. Escalas Menores
Forma Melódica

Lá menor

Mi menor

Si menor

Fá♯ menor

Dó♯ menor

Sol♯ menor

55. Escalas Menores com Bemóis
Forma Melódica

Ré menor

Sol menor

Dó menor

Fá menor

Si♭ menor

Mi♭ menor

56. Escalas com Acompanhamentos

Trabalhar a diferença de peso das mãos.
Exercitar em todas as tonalidades.

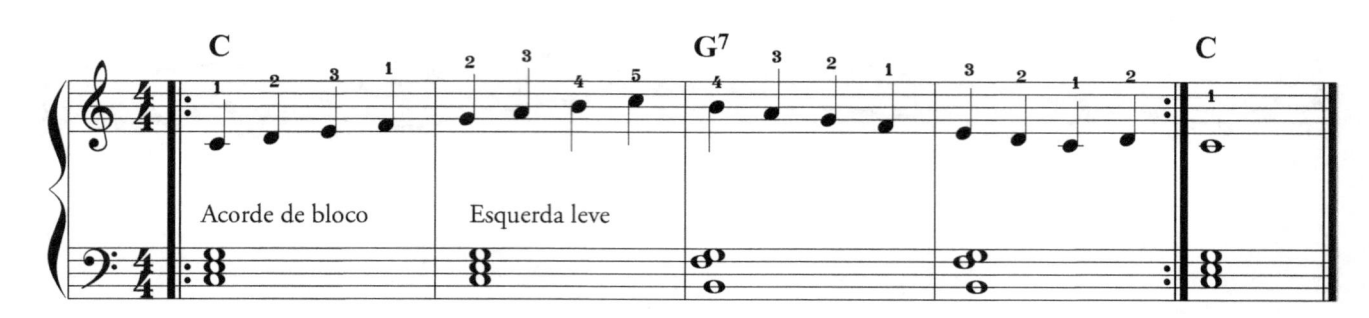

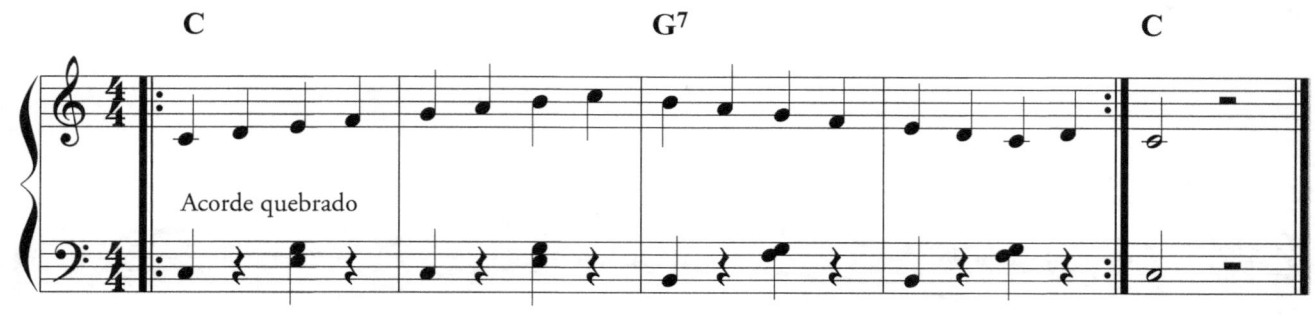

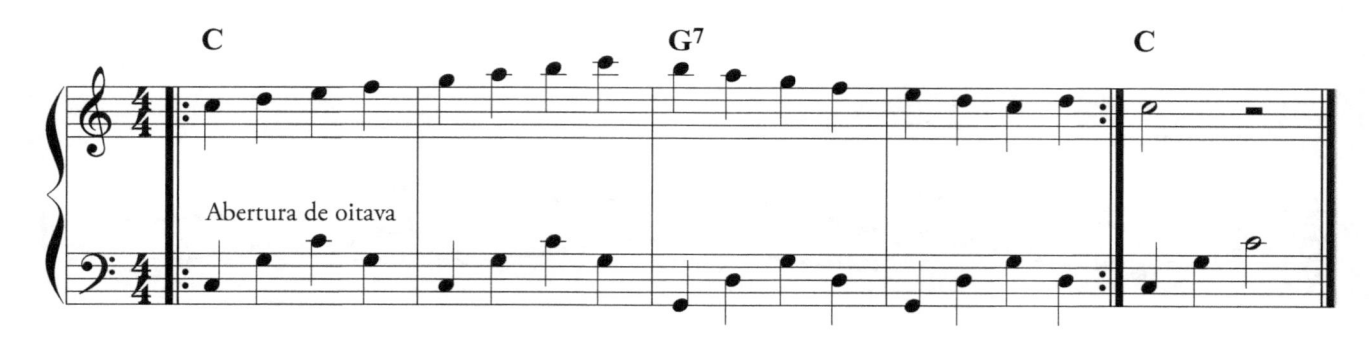

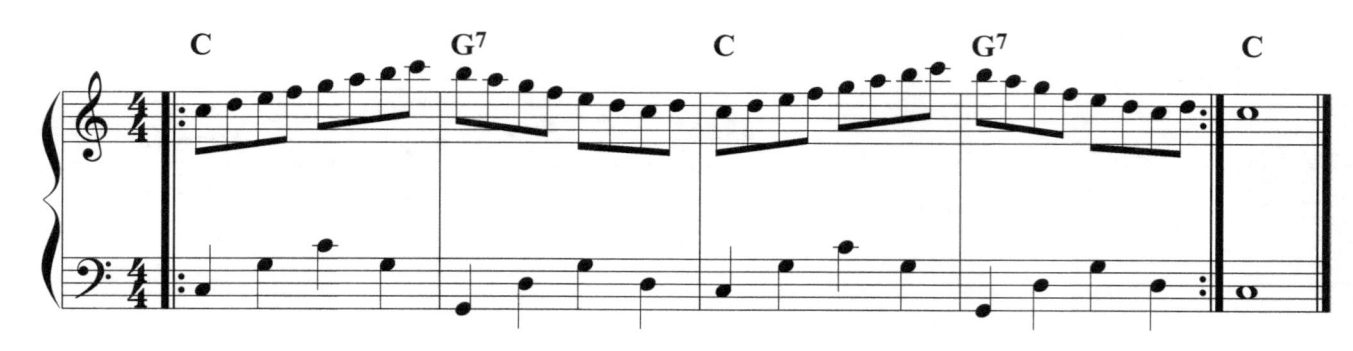

Acorde de bloco — Esquerda leve

Mão direita: *legatto*; esquerda: *staccato*.

Acorde de bloco

Acorde quebrado

Abertura de oitava

Acorde quebrado (valsa)

Notas do acorde

Compasso composto

Notas do acorde repetidas

Baixo de Alberti

57. Escalas – Acentuações

Fazer em várias tonalidades.

58. Começando em Outras Notas da Escala

Na 2ª - Dórico

Na 3ª - Frígio

Na 4ª - Lídio

Na 5ª - Mixolídio

Na 6ª - Eólio

Na 7ª - Lócrio

59. Construção dos Dedos

Os exercícios a seguir devem ser estudados devagar, aumentando aos poucos a velocidade, com o auxílio de um metrônomo e fazer a aplicação das variações abaixo:

1. Mãos separadas.
2. Mãos juntas.
3. Direita, as notas; esquerda, os acordes (bloco, quebrado etc.).
4. Esquerda, as notas; direita, os acordes.
5. Uma mão forte, outra fraca (trocar).
6. Dinâmica:
    a) um compasso f; outro p;
    b) obedecendo ao comando do professor;
    c) *cresc.*, *dim.*, *legatto*, *staccato*.
7. Velocidade: acelerando, alargando.
8. Variações de ritmo e acentuação, sugestões: direita, notas; esquerda, acordes.
9. Tocar cada exercício em várias tonalidades.

Exercícios de Técnica
Construção dos Dedos

60.

Sugestões para estudo:
1. Mãos iguais.
2. Esquerda: acordes de bloco, quebrado, abertura de oitava.

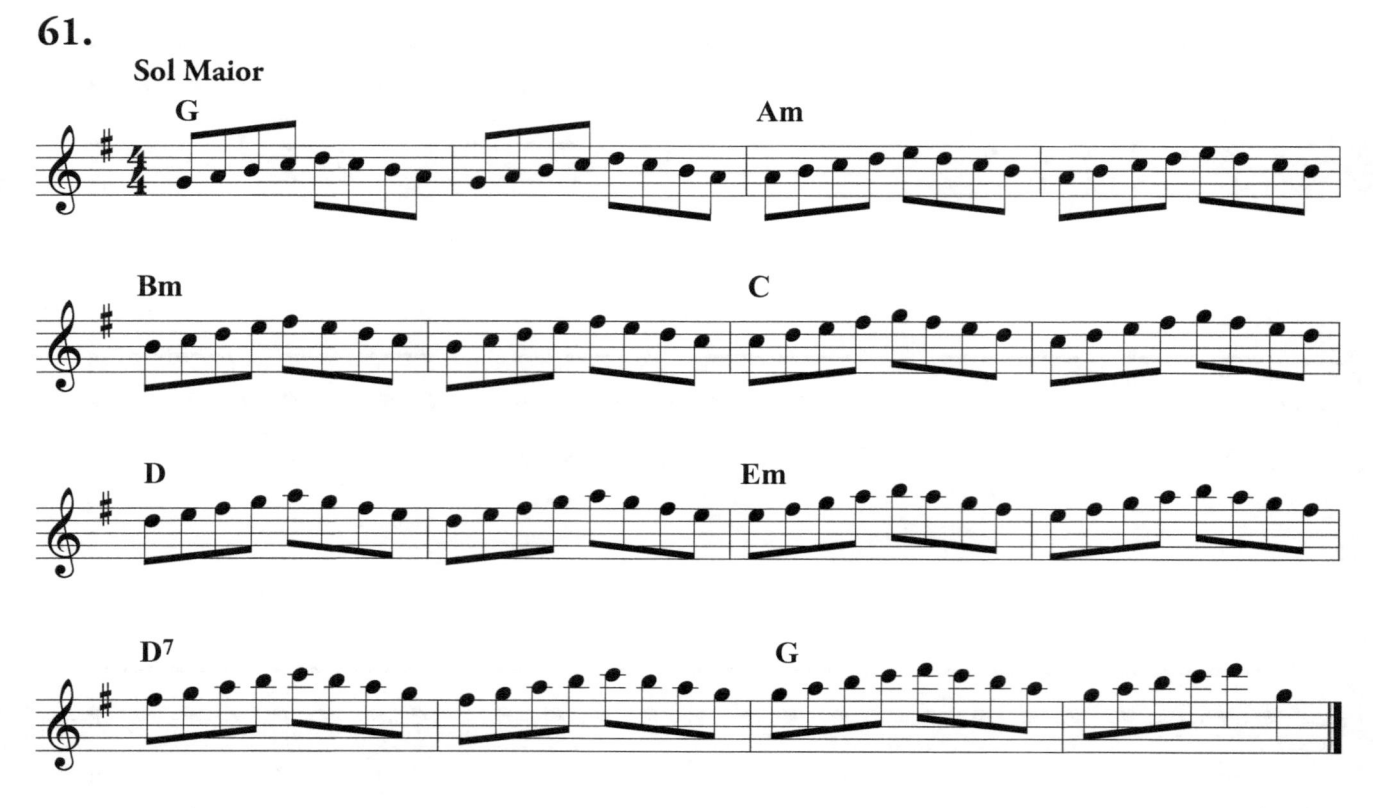

61.

Sol Maior

Seguir nas outras tonalidades.

Notas das Escadinhas e dos Acordes

62.

63. Fá Maior

64. Exercício com as Notas do Acorde
Passando por todas as tonalidades (cromático).
Escreva as cifras.

65. Notas da Escala e do Acorde
Cifrar.

66. Aplicar Variações de Ritmo

67. Notas Iguais, Dedos Diferentes

68. Dedos Iguais, Notas Diferentes
Treinar em várias tonalidades.

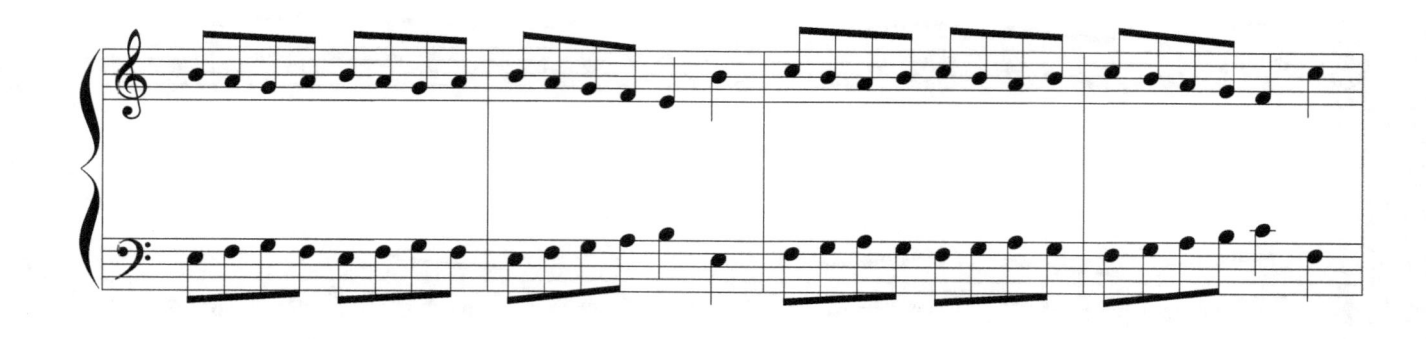

Dó Maior

Voltar.

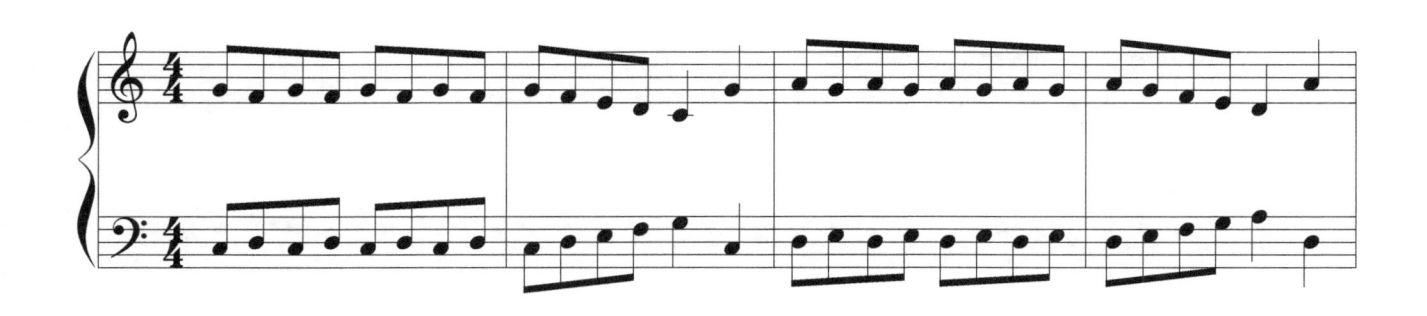

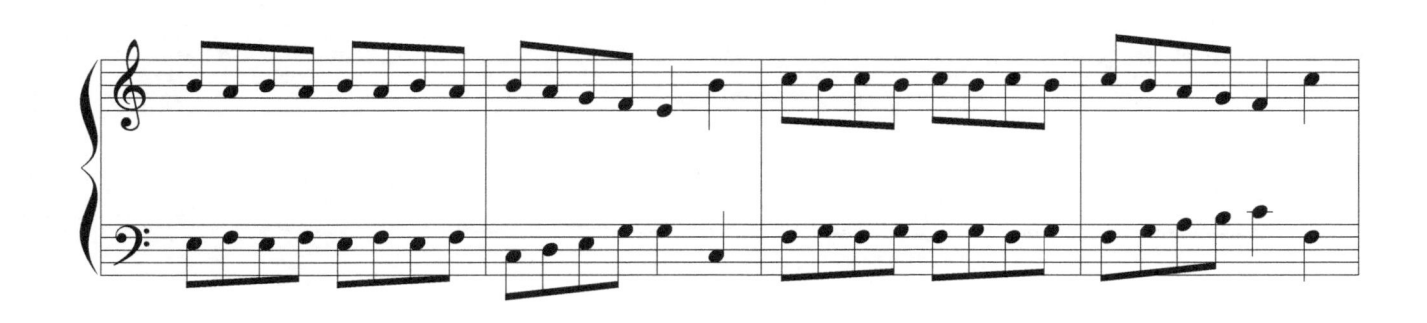

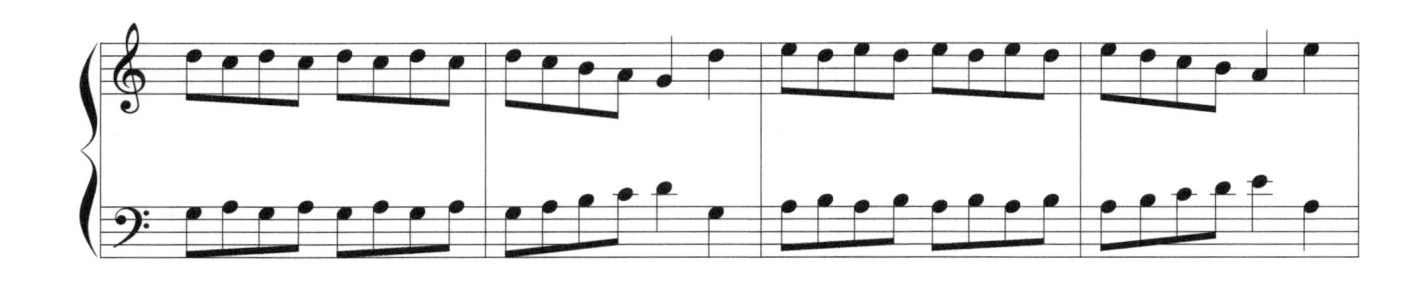

69. Para Fortalecer o Quarto Dedo e o Quinto Dedo

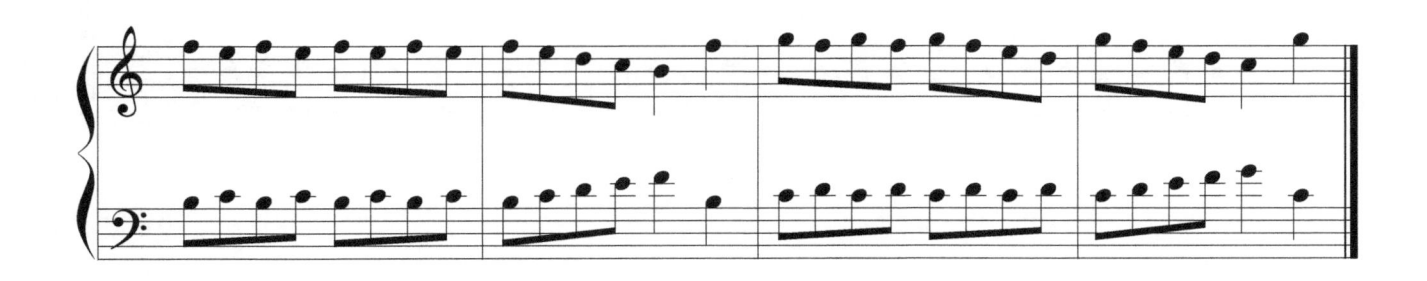

70. Para Fortalecer o Terceiro, Quarto e Quinto Dedos

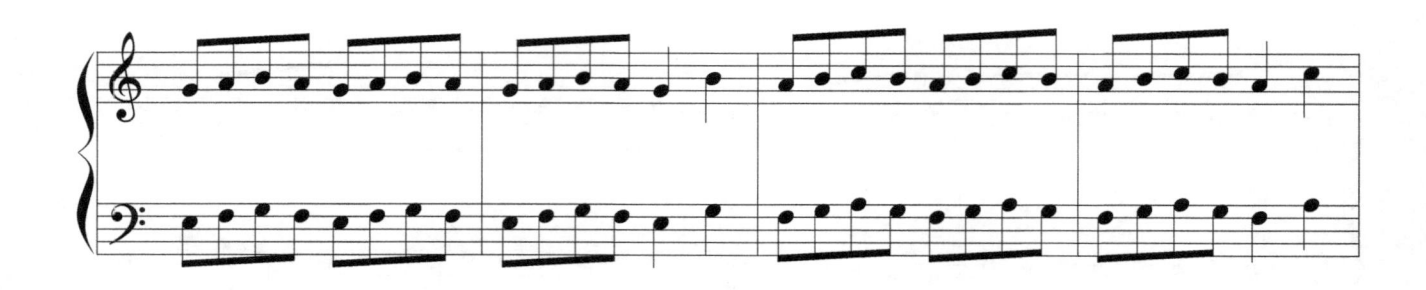

71.

72. Exercícios Para os Cinco Dedos

Cada exercício deve ser tocado em todos os tons, conforme sugere o acorde de dominante.

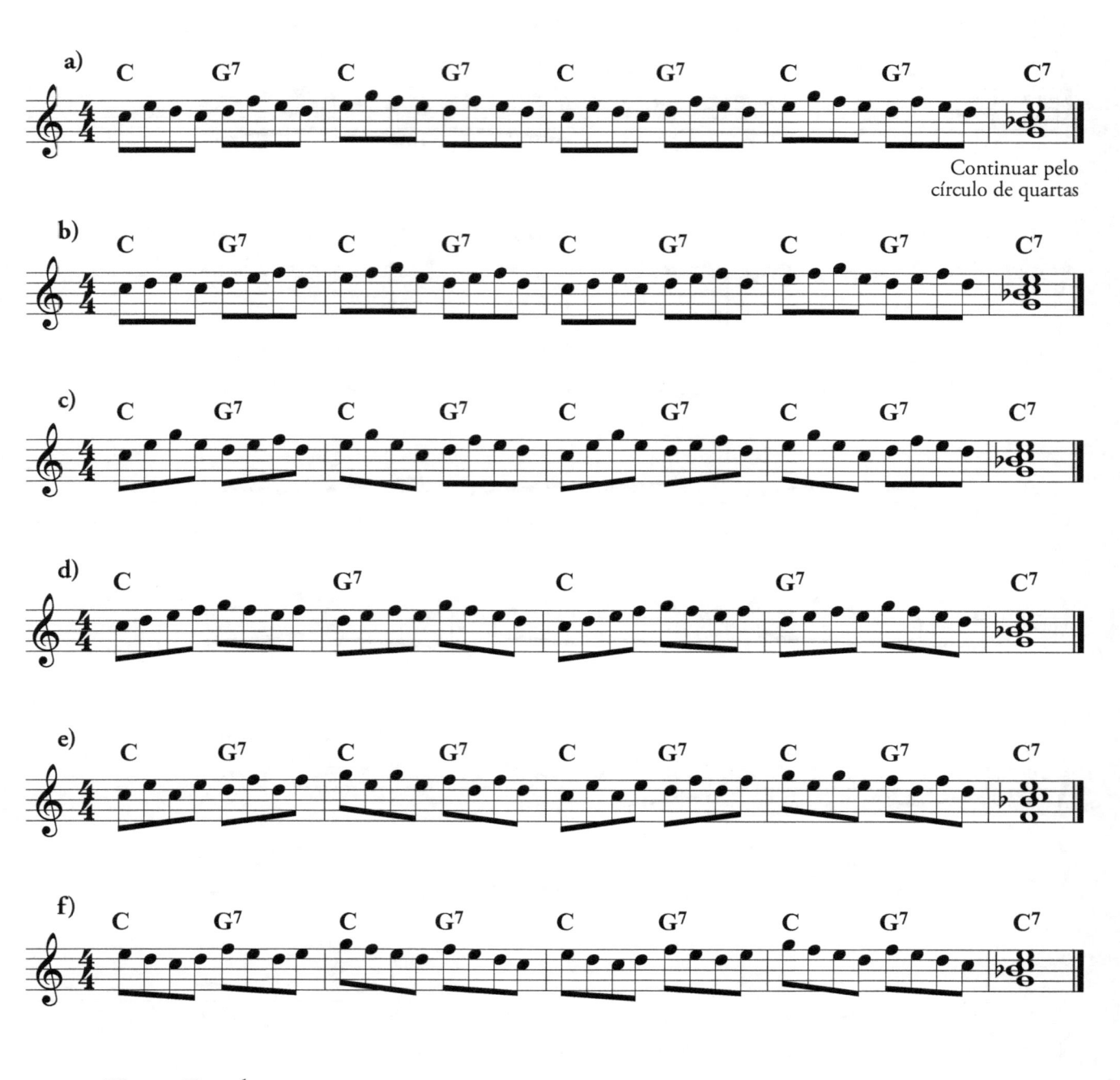

Continuar pelo círculo de quartas

Notas Duplas

73. Arpejos
Mãos alternadas.

74. Arpejos na Extensão do Teclado
Mãos alternadas.

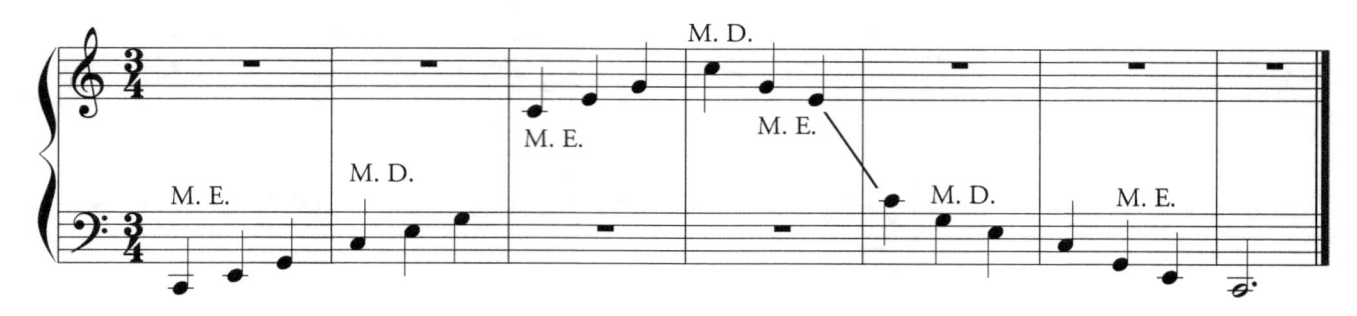

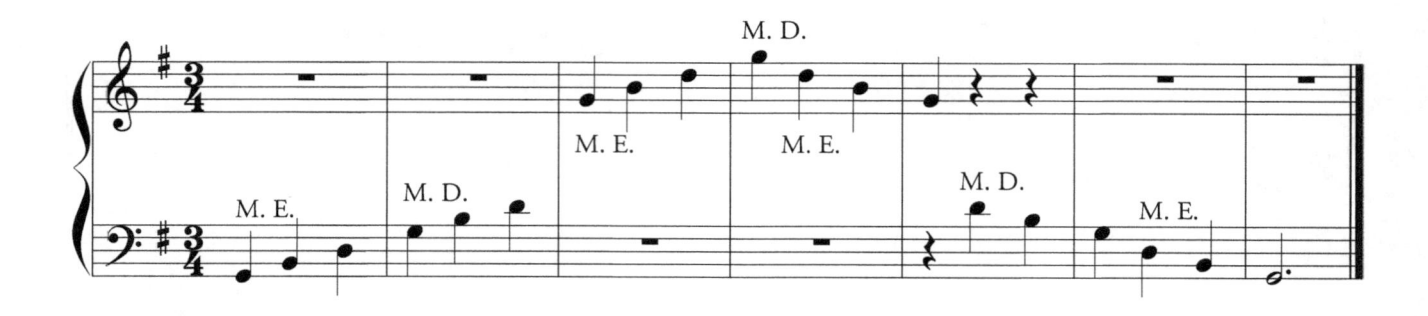

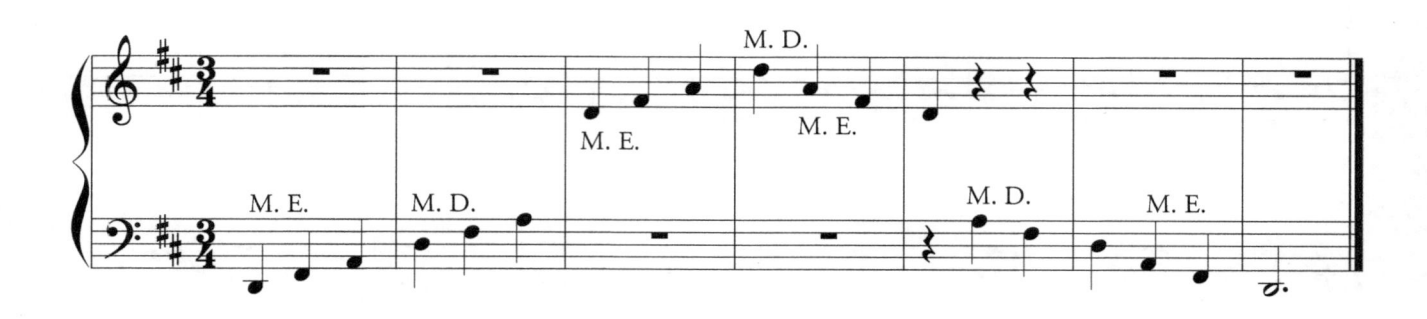

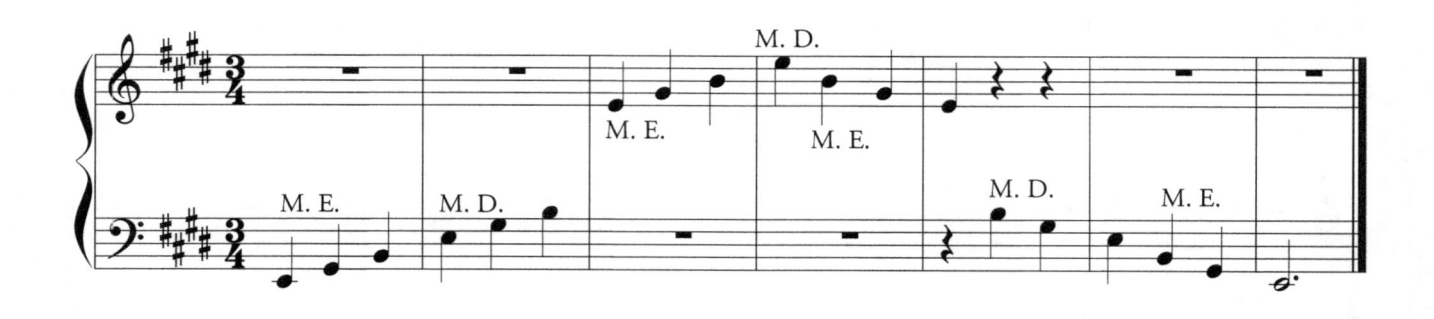

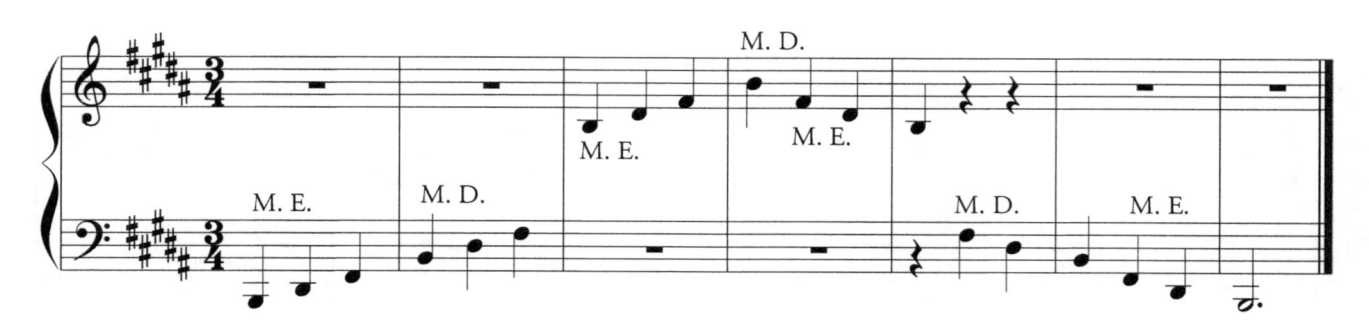

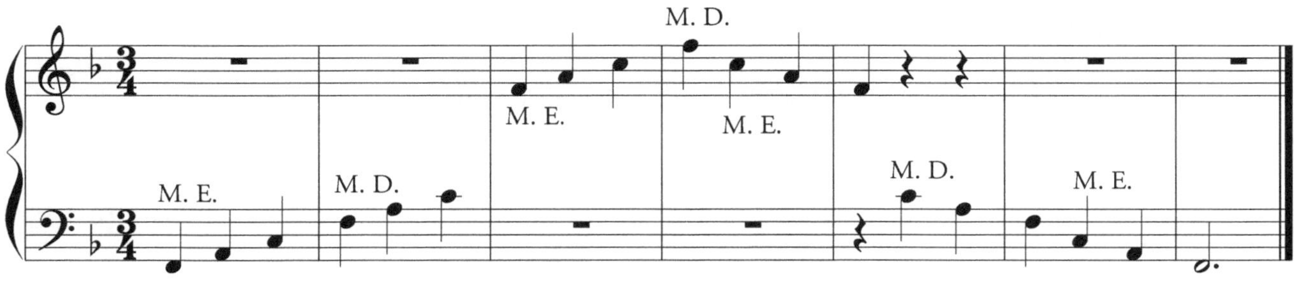
M. D.
M. E.
M. E.
M. E.
M. D.
M. D.
M. E.

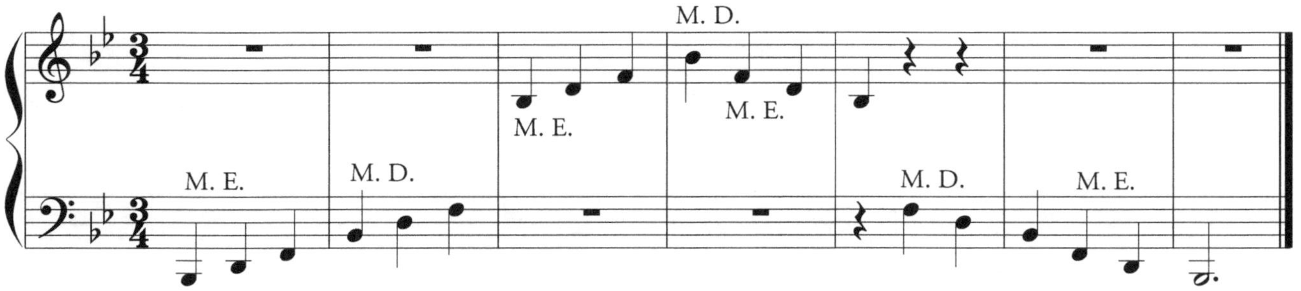
M. D.
M. E.
M. E.
M. E.
M. D.
M. D.
M. E.

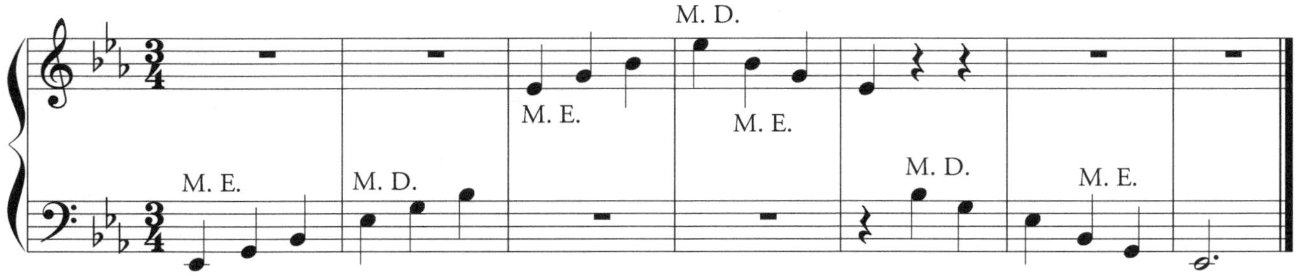
M. D.
M. E.
M. E.
M. E.
M. D.
M. D.
M. E.

M. D.
M. E.
M. E.
M. E.
M. D.
M. D.
M. E.

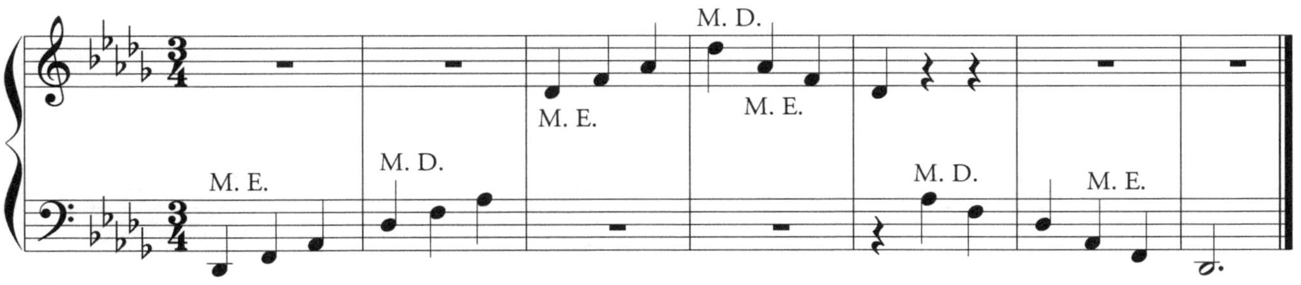
M. D.
M. E.
M. E.
M. E.
M. D.
M. D.
M. E.

75. Arpejos Dentro da Oitava

Toque mãos iguais.
Toque o arpejo com a mão direita e o acorde com a esquerda.
Depois troque: arpejo com a esquerda e acorde com a direita.

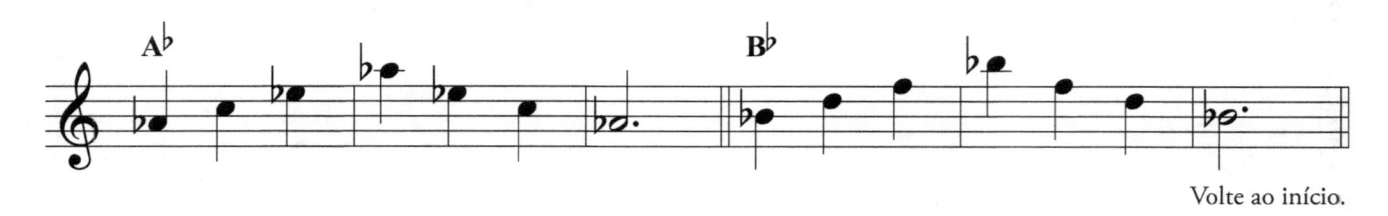

Volte ao início.

76. Arpejos (duas oitavas)

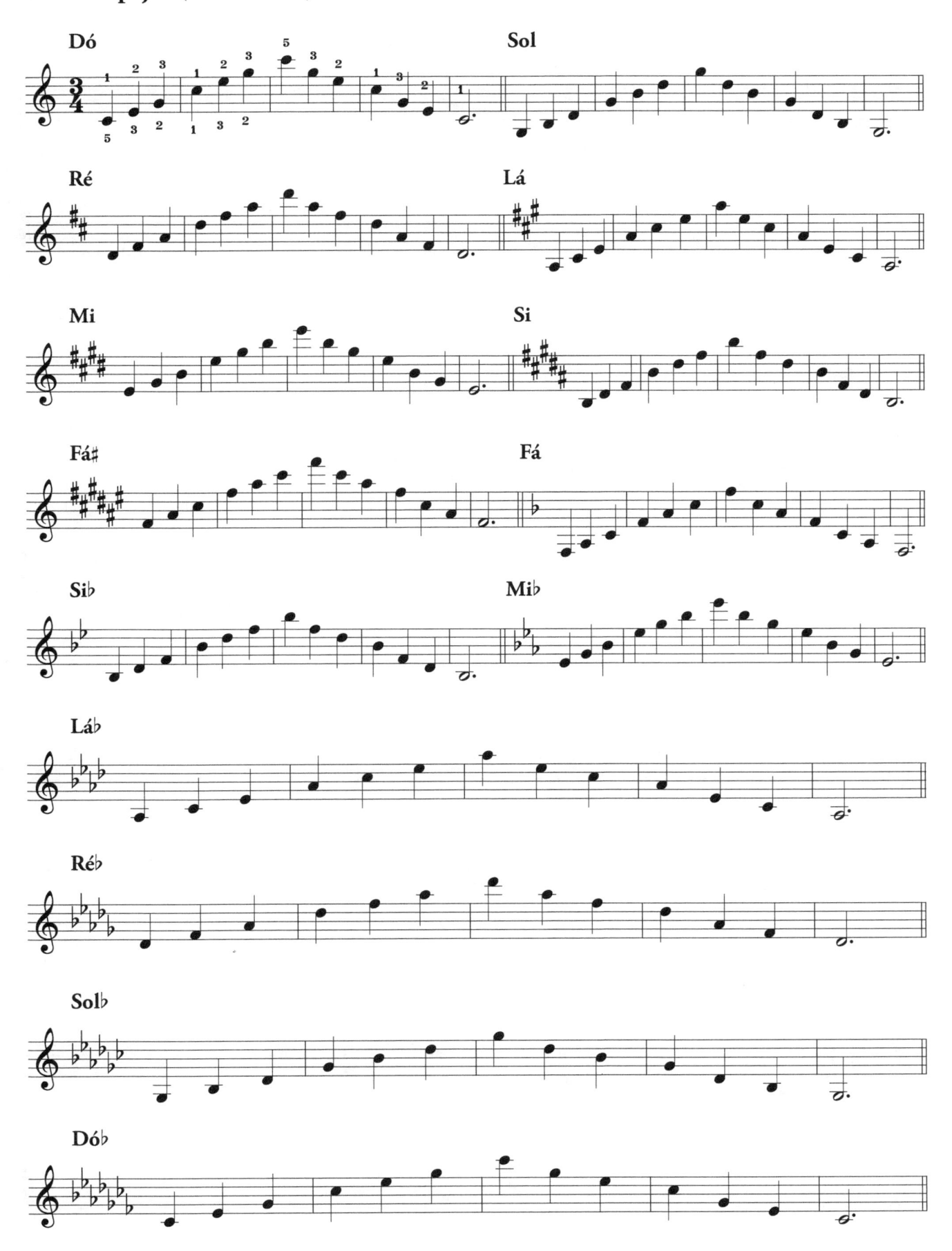

77. Inversões (tríades maiores)

Dó

Sol

Fá

Ré

Continue o exercício nas outras tonalidades.

78. Inversões (tríades menores)

Dó menor

Sol menor

Fá menor

Ré menor

Continue o exercício nas outras tonalidades.

79. Inversões das Tríades em Duas Oitavas

Trabalhar as mãos separadamente. Depois juntá-las.
Treinar direita arpejo, esquerda acorde ou acompanhamentos diversos.

Continue o exercício nas outras tonalidades.

80. **Inversão** (arpejos menores em duas oitavas)
Escolhemos as tonalidades mais fáceis para começar.
Quando estiver bem treinado, exercite os arpejos que começam nas teclas pretas.

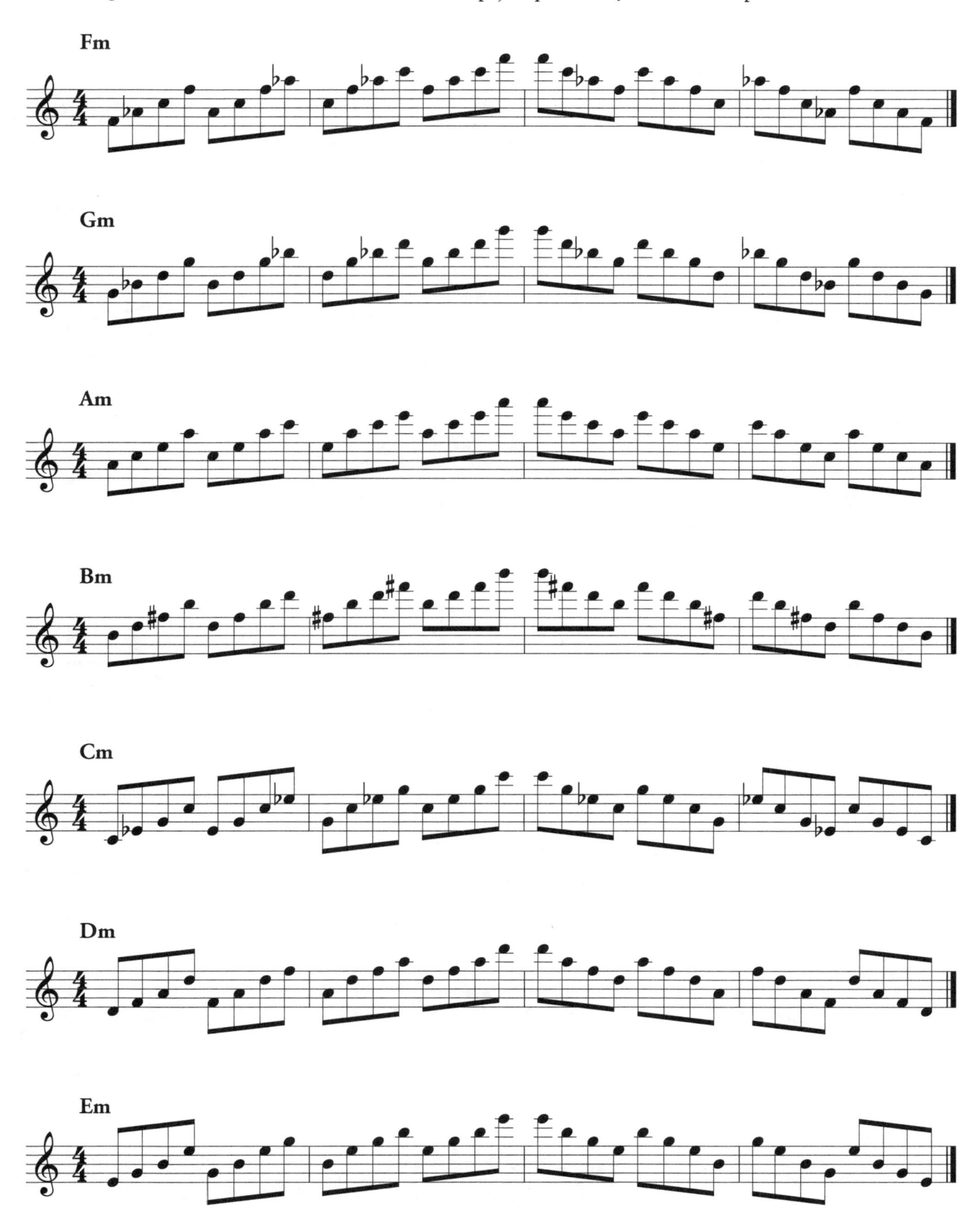

Arpejos (inversões)

Apresentamos alguns exemplos de cada modo. É importante treinar em todas as tonalidades.
Primeiro, mãos separadas. Depois, mãos juntas.
Aumentar a velocidade pouco a pouco. Estude com metrônomo.

81. Tríades Maiores

C

D

E

F

82. Tríades Menores

Fm

Gm

Am

Tétrades

83. Tríades Maiores com 7ª Menor

Fá Maior

Dó Maior

Sol Maior

Ré Maior

84. Tríades Maiores com 7ª Maior

C⁷M

G⁷M

F⁷M

85. Tríades Menores com 7ª Menor

86. Tríades Menores com 7ª Maior

87. Tétrades Diminutas

88. Arpejos - Tétrades – 7ª Maior e Inversões

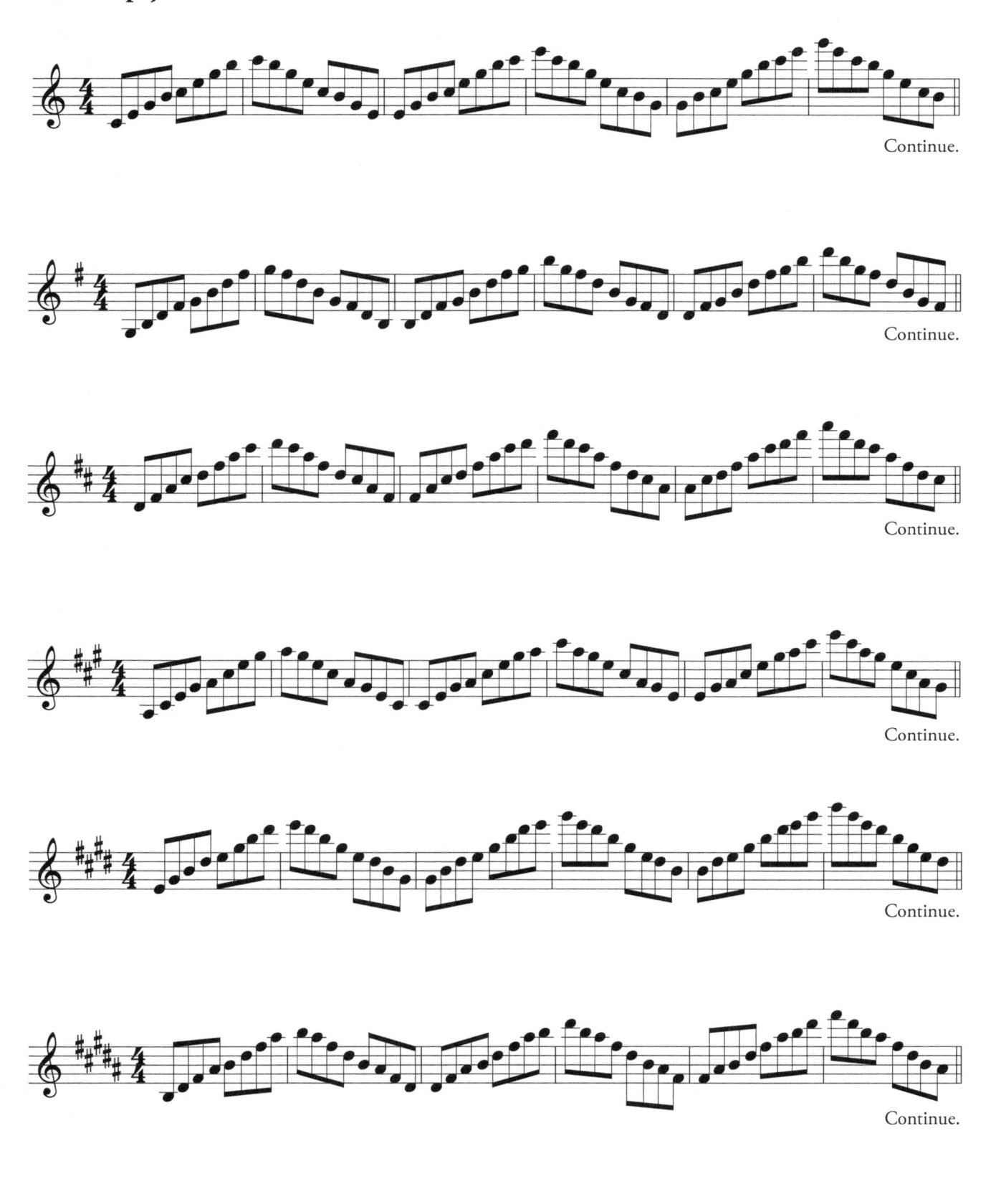

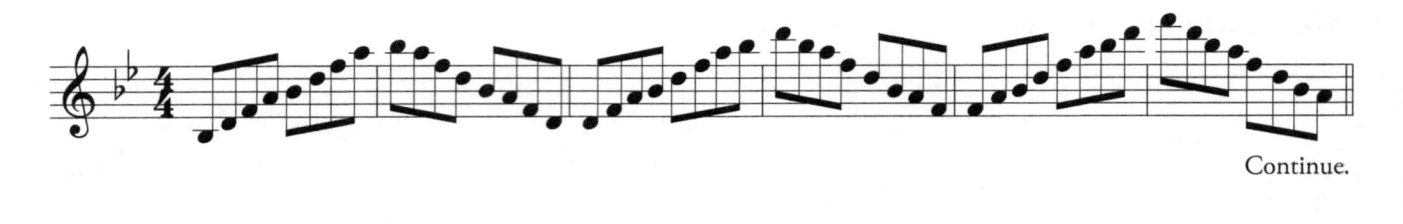

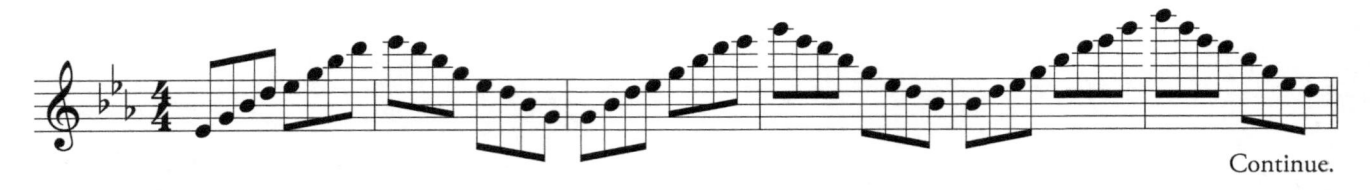

89. Outras Inversões

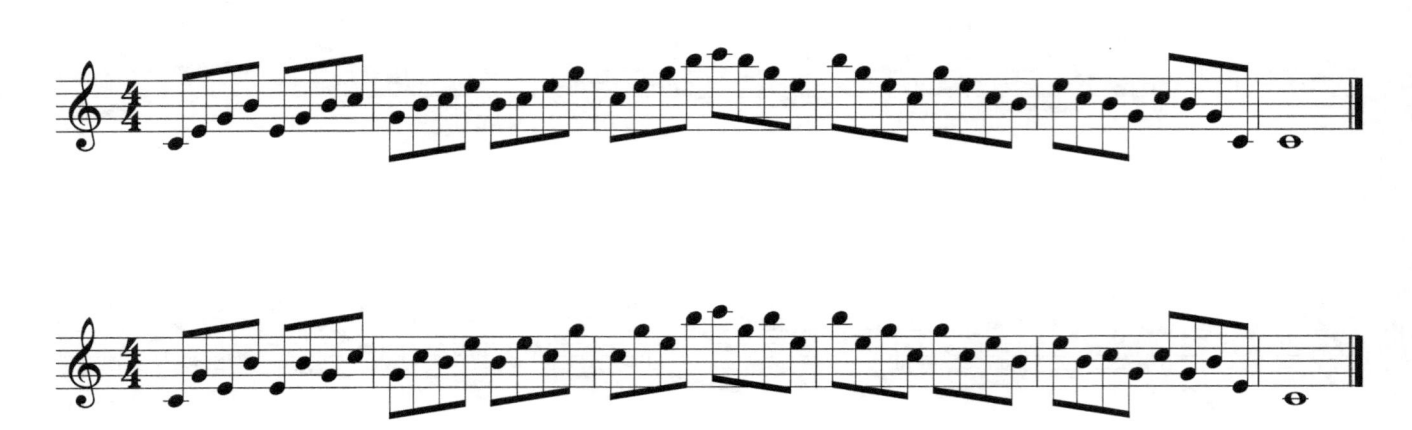

Arpejos - Campo Harmônico
Treinar em todas as tonalidades.

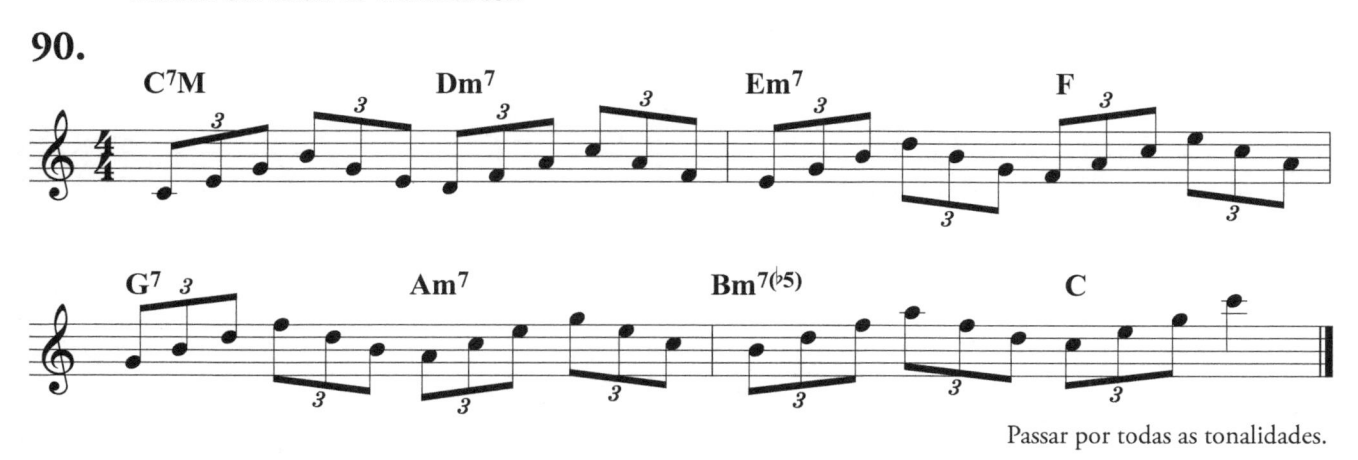

90.

C⁷M   Dm⁷   Em⁷   F

G⁷   Am⁷   Bm⁷(♭5)   C

Passar por todas as tonalidades.

91. Arpejo nas Notas da Escala

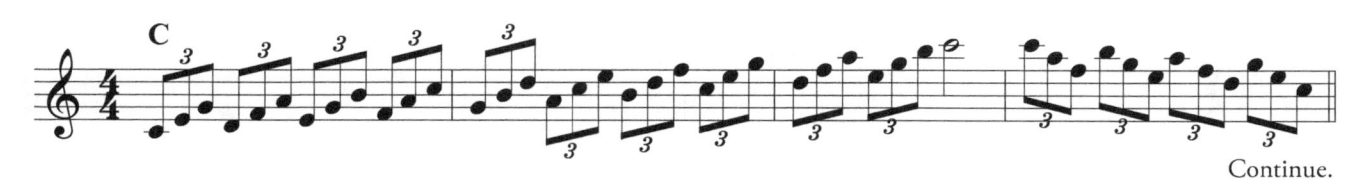

C

Continue.

92. Substituindo a 5ª pela 4ª

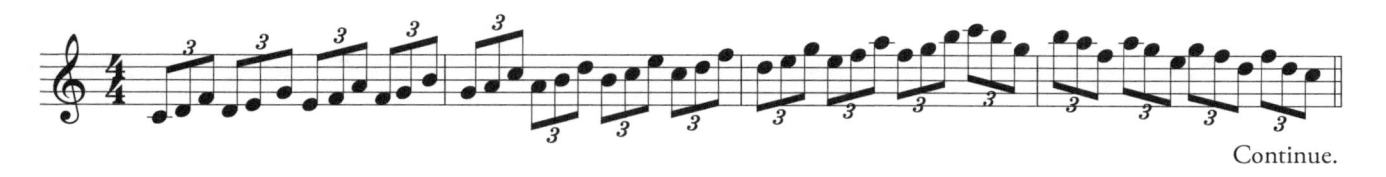

Continue.

93. Acentuação Deslocada

C⁷M

Dm⁷

G⁷

94. Arpejos com as Notas Tensões

O acorde é formado com: 1ª, 3ª, 5ª e 7ª notas da escala.

As notas que ultrapassam a oitava são chamadas NOTAS TENSÃO: 9ª, 11ª e 13ª.

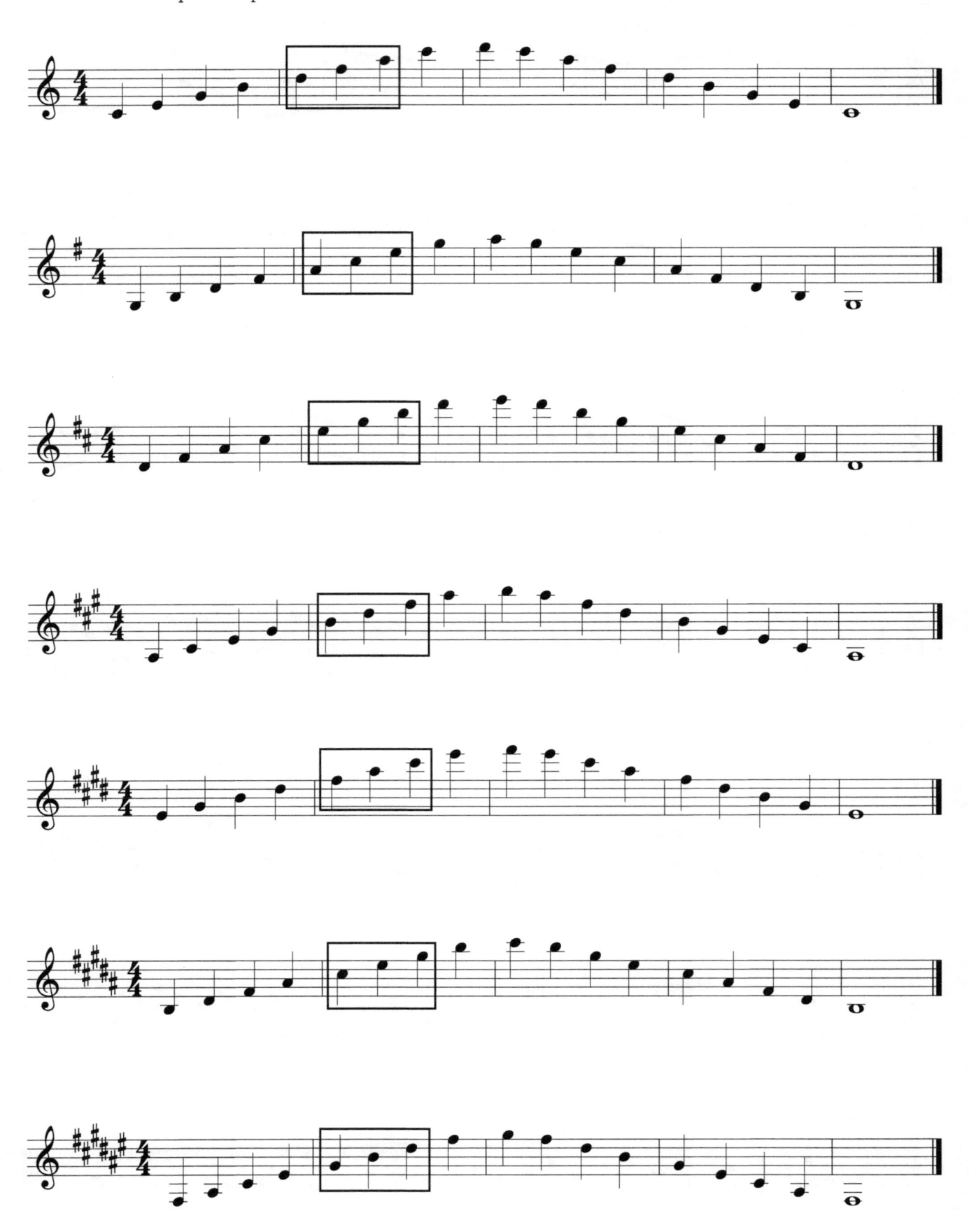

83

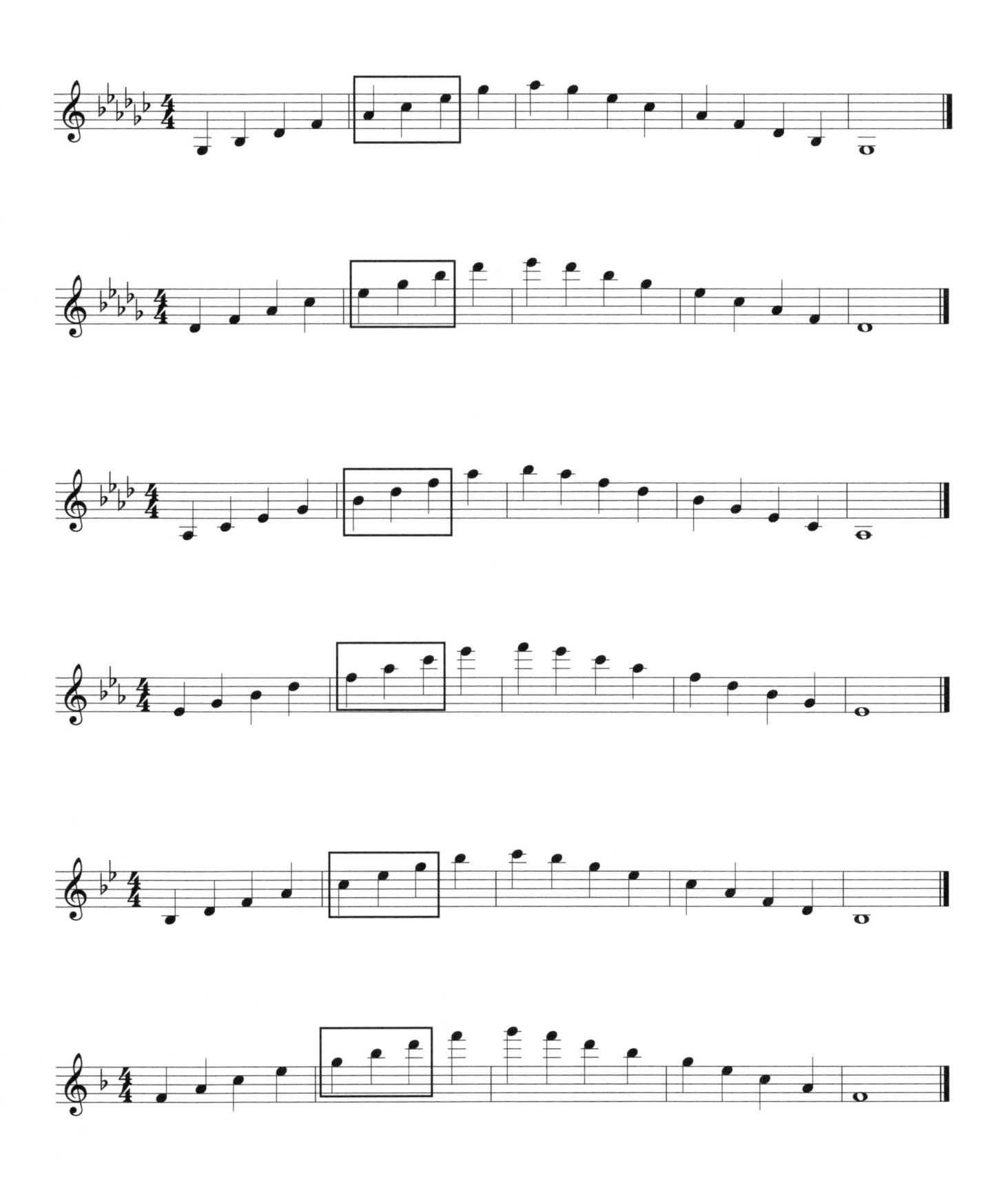

Padrões

Mão direita.
Treinar em várias tonalidades.

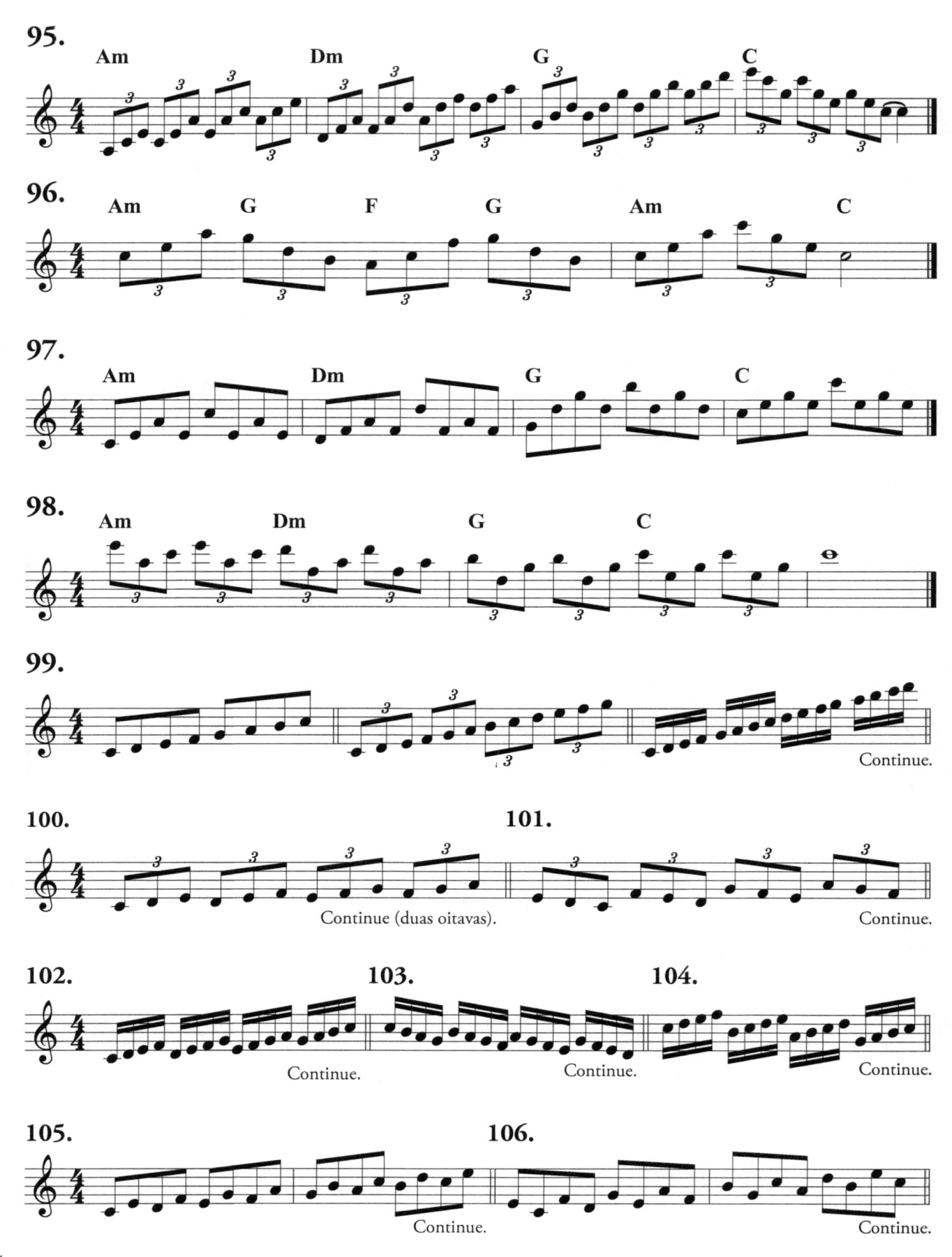

107. Terças

108. Quartas   **109.** Quintas

110. Sextas   **111.** Sétimas

112. Subindo e Descendo

Continue.

Continue.

Continue.

Continue.

Acompanhamentos

Tocar os exercícios até que fiquem mecânicos.
Aplicar nas músicas com cifras ou quando quiser mudar o estilo.
Treinar em todas as tonalidades.

113.

114. Acorde de bloco

Posição fundamental

115. Primeira inversão

116. Segunda inversão

117. Acorde quebrado

118.

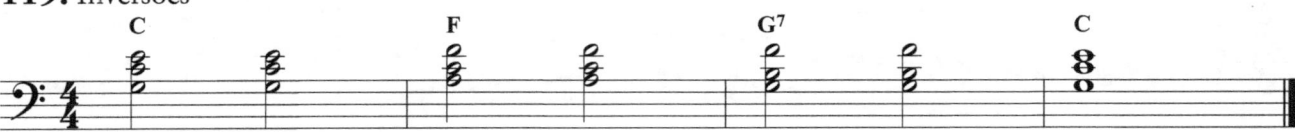

119. Inversões

120.

121.

122.

123. Compasso ternário

124. Acorde arpejado

125.

126.

127. Notas repetidas

128. Baixo de Alberti (1)

129. Baixo de Alberti (2)

130. Inversão

131. Abertura de Oitava
Nas teclas brancas

Única preta.

Nas teclas pretas   Única branca.

132. *1º desenho*

133. *2º desenho*

134. Quando existe a sétima, podemos colocá-la substituindo a oitava

135. *Alternando a nota do baixo*

136.

137. Abertura de Décima

138. *Variações*

Repetir.

139.

140.

141.

1ª 5ª 8ª 10ª 5ª (8ª acima)

142.

C   G   C Com a 6ª   F   G

143. *Modo menor: estilo habanera (10ᵃˢ)*

Cm   Ddim   G⁷   Cm

144. Oitavas duplas

145. Alternadas

146. Ritmos

C   G   Am   C

147.

Am   Dm   G   C

148.

C⁷M   Am⁷   Dm⁷   G⁷   C⁷M

149. Variações sobre abertura de 8ª e décima

150.

151.

152. Abertura de 8ª + notas da escala

153. Outras variações

154.

155.

156.

157.

Mais Alguns Padrões Para Mão Esquerda

Na mão direita:
   1. Tocar a escala do acorde.
   2. Tocar só a escala do TOM.

Repetir várias vezes cada compasso.
Treinar na mesma sequência harmônica, em várias tonalidades.

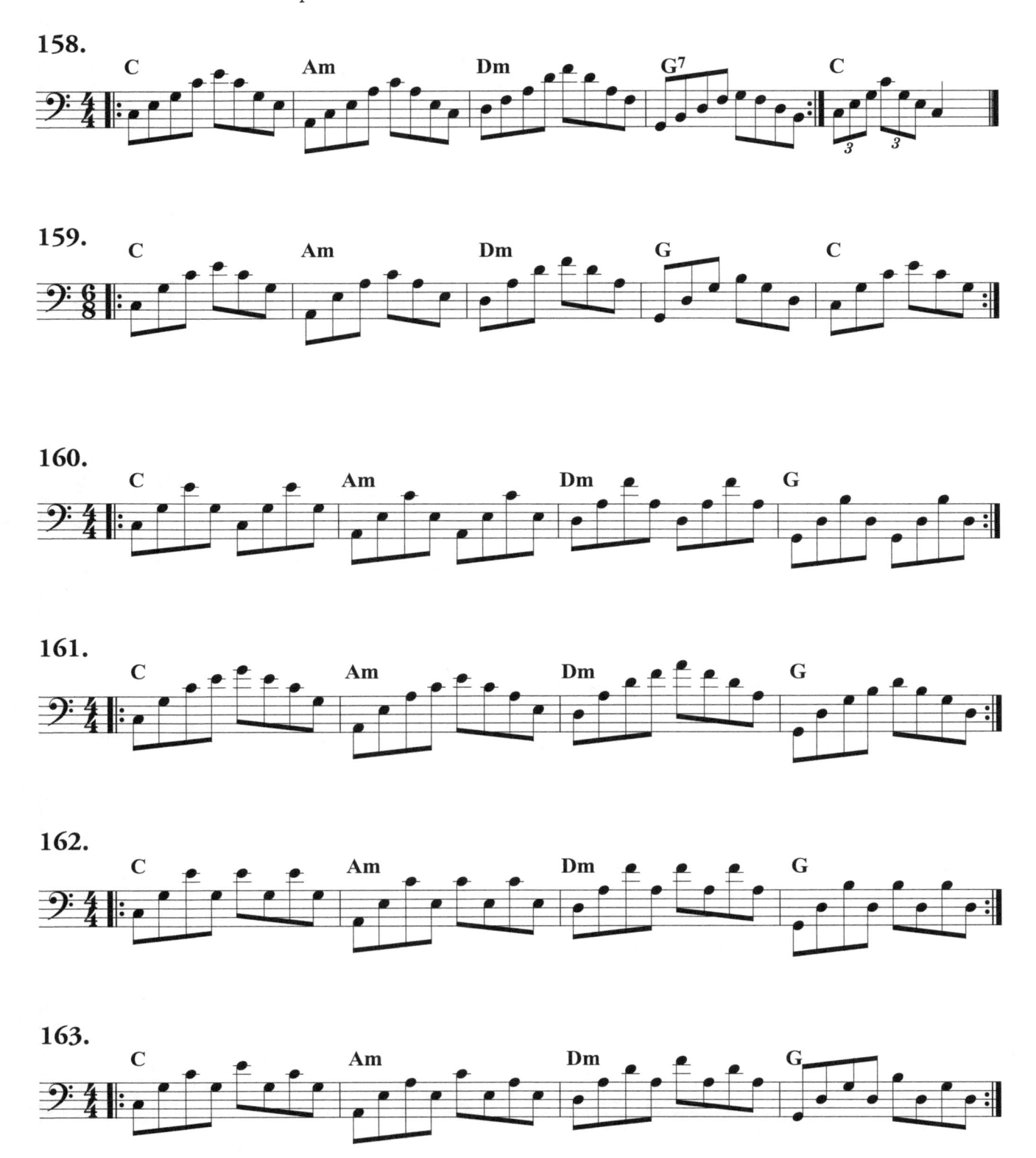

158.

159.

160.

161.

162.

163.

Tríades Maiores
Exercícios.

164. De Dó a Dó

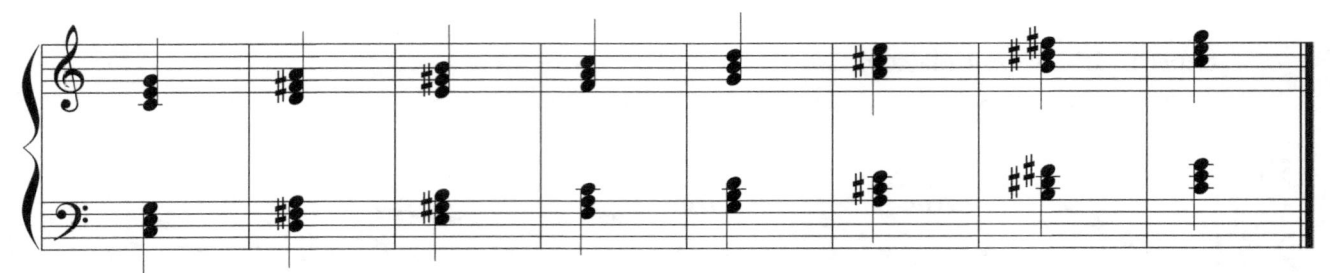

165. Nas Teclas Pretas

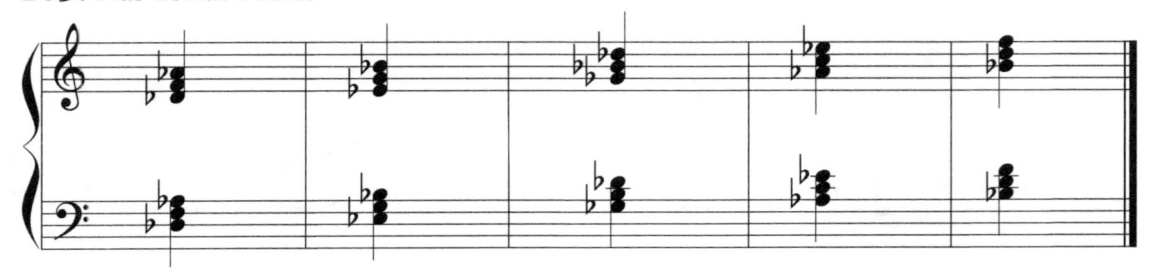

166. Cromático - Tríades Maiores

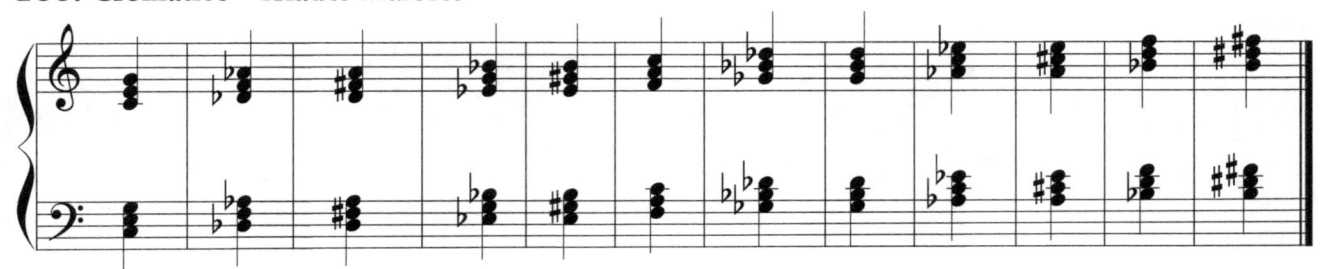

167. Acorde na Mão Esquerda, Arpejo na Direita

168. Acorde na Direita, Arpejo na Esquerda

Fazer arpejo nas duas mãos.

169. Círculo de Quartas (tocar com as duas mãos)

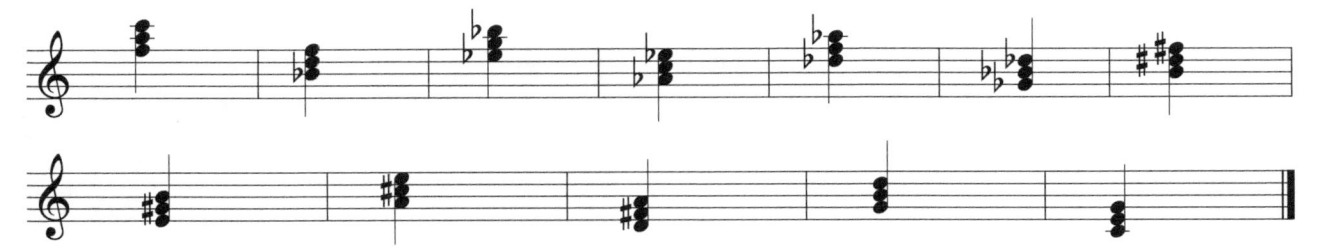

170. Acorde na Mão Esquerda, Arpejo na Direita

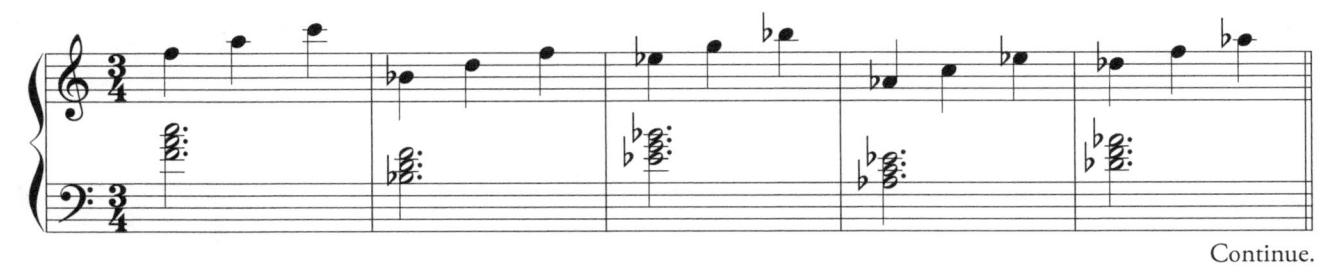

Continue.

171. Acorde na Mão Direita, Arpejo na Esquerda

Continue.

172. Arpejo nas Duas Mãos

Continue.

Fazer inversão dos arpejos nos Círculos de Quartas e Quintas em todos os exercícios acima.

173. Círculo das Quintas (mãos juntas)

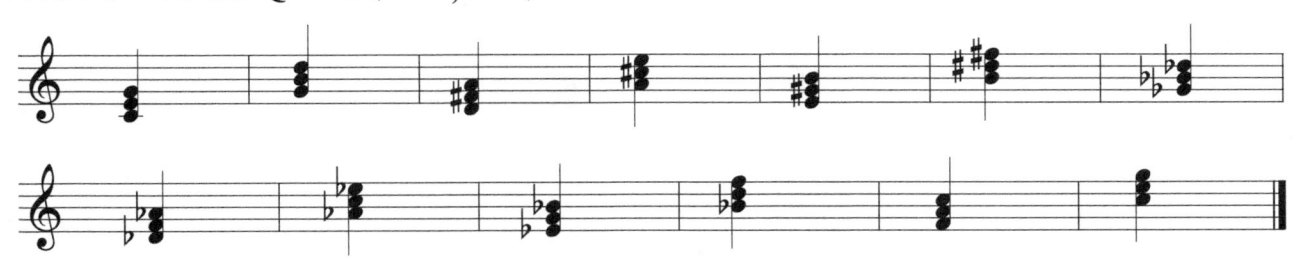

Praticar todas as variações dos exercícios anteriores.

174. Tríades - Inversões - Duas Oitavas

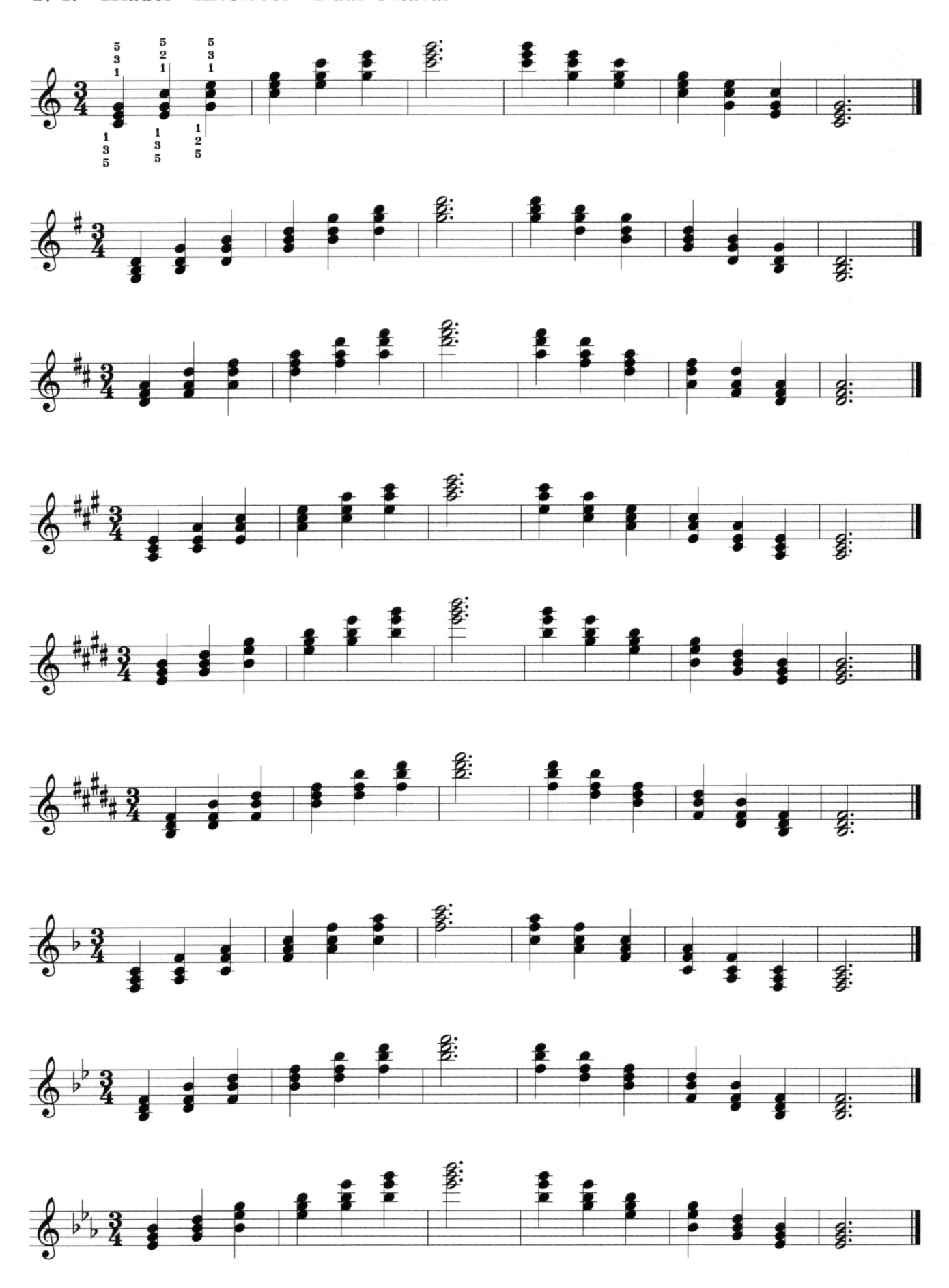

Exercícios Para Extensão dos Dedos
Praticar com as duas mãos e em todas as tonalidades.

175.

176.

177.

178. Notas Duplas (dedilhado invertido para mão esquerda)

179. Nota Pedal

180. Exercício de Extensão – Nota Pedal

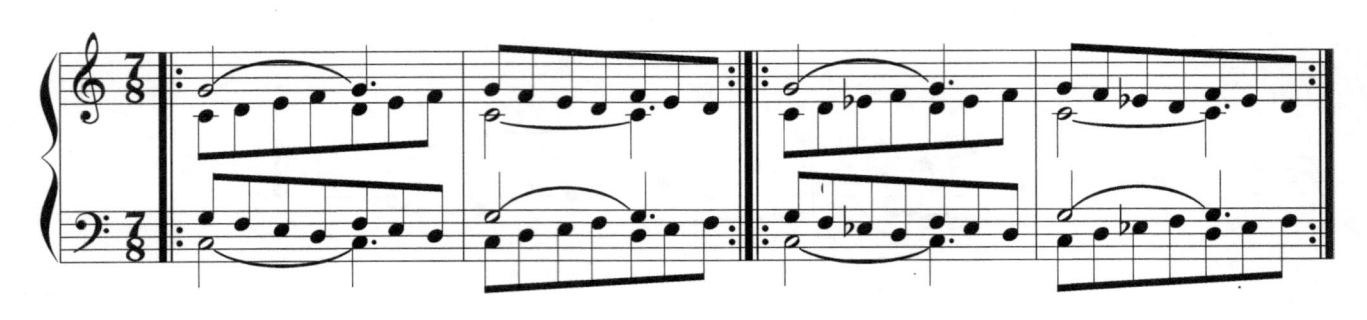

181.